망가진 이정표

망가진 이정표

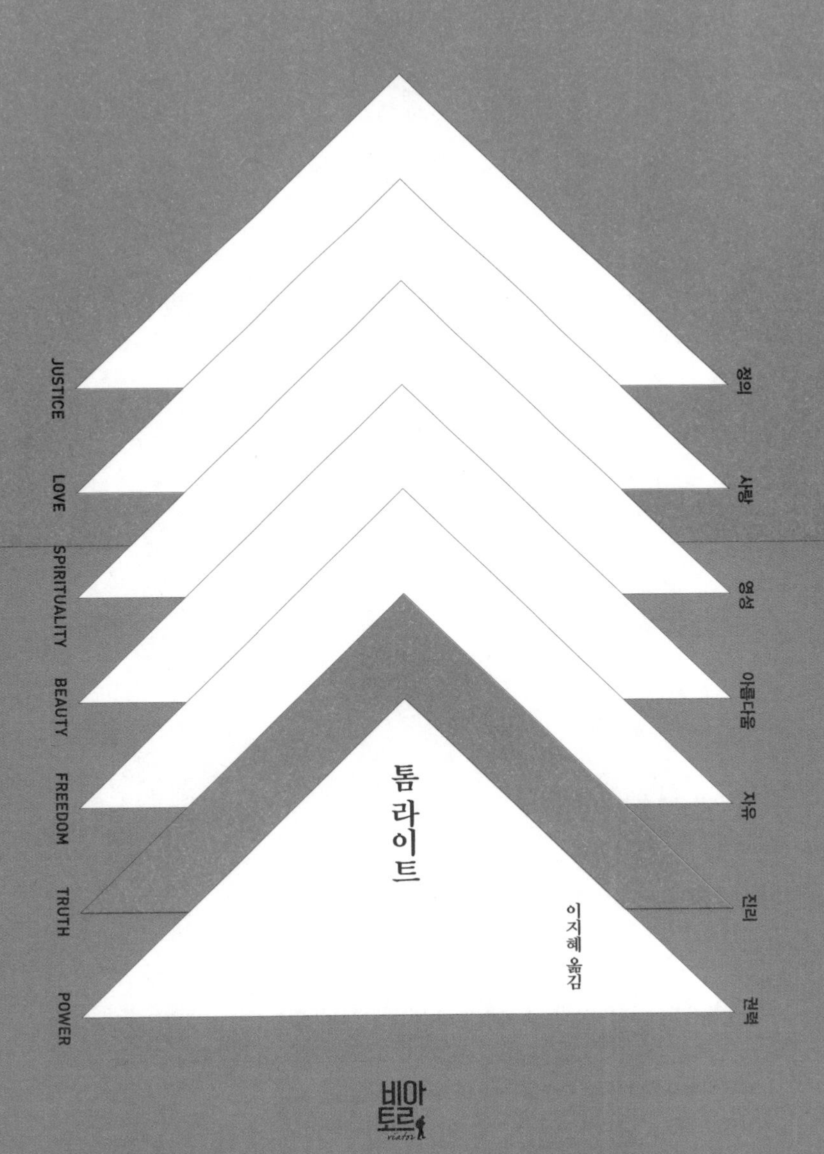

톰 라이트

이지혜 옮김

비아토르
viator

일러두기

- 본문에 인용한 성경 본문의 경우 구약은 대한성서공회에서 펴낸 새번역판을 따랐으며, 신약은《하나님 나라 신약 성경 *The New Testament for Everyone*》(한국 IVP)을 따랐다. 개역개정판을 사용한 경우에는 따로 표기했다.
- 성경에 나오는 고대 지명을 표기할 때는 새번역판을 기준으로 삼았다.

복음 메시지는 우리가 망가졌다고 생각한 이정표가
사실은 하나님과 세상에 대한 궁극적인 실재를 가리키는
진짜 신호라고 이야기한다.

차례

수년 전에《톰 라이트와 함께하는 기독교 여행*Simply Christian*》이라는 제목의 신앙 입문서를 썼다. 책의 출발점은 정의, 영성, 관계, 아름다움이라는 네 가지 주제였다. 기독교 메시지를 인간사나 폭넓은 사회 문제와 연관 지어 생각하다 보니, 수년에 걸쳐 서서히 이 네 가지 주제가 내 머릿속에 확고히 자리를 잡았다.

목회자와 설교자는 진정한 복음과 현실 세계를 연결해야 하는 과제에 계속 부닥쳐 왔고, 당시 나는 교회와 국가가 엇갈리는 지점에서 이러한 난제를 다루어야 하는 다양한 직책을 맡고 있었다. 책에서 나는 이 네 가지 주제를 "한목소리에서 퍼져 나온 메아리들"이라고 표현했다. 네 가지 주제를 곰곰이 생각하다 보면, 보이지 않는 길모퉁이 너머에서 누가 우리를 부르는 소리가 들리는 듯하기 때문이다. 이 넷이 하나님이나 기독교 신앙의 진리(예수 안에 계시된 하나님을 예배하는 데는 관심이 없는 사람들도 그 중요성은 잘 알고 있다)를 직접 가리키지는 않지만, 우리가 이 질문들을 염두에 두고 기독교 이야기와 그 의미를 숙고할 때 우연의 일치라고 하기에는 너무나 자연스럽게 딱 '들어맞는다'라고 나는 주장했다.

이후로도 네 가지 주제에 대해 곰곰이 생각하면서 생각을 발전시켜 나갔다. 그 결과, 우리가 이 목소리의 메아리로 경험하게 되는 자유, 진리, 권력, 이렇게 세 가지가 추가되었다. 이 일곱 가지가 모두 '작용해야' 현명하고 성숙한 삶과 사회로 나아갈 수 있을 것 같다. 나는 이 일곱 가지를 단순한 주제나 질문이 아니라 '이정표'로 여긴다. 모든 이정표는 실재에 이름을 부여하고 방향을 알려 준다. 마찬가지로, 이 일곱 개의 이정표는 모든 인간 사회에서 가치 있게 여기는 실재들에 이름을 부여하고, 한 걸음 더 나아가 인생과 세상의 의미를 가리킨다. 실제로, 이 이정표들은 세상을 어떻게 '이해해야' 하는지, 세상의 존재 방식과 그 세상 가운데서 인간으로 살아가는 과제를 어떻게 이해해야 하는지를 말해 준다. 우리가 여기에 신경을 쓰고 이 때문에 혼란스러워한다는 사실 자체가 세상에 대한 심오한 '이해'에 대해 무언가를 말해 주고 있다.

하지만 그 자체가 우리가 알고자 하는 모든 것을 말해 주지는 않는다. 그래서 좀 더 최근에 발표한 《역사와 종말론*History and Eschatology*》에서는 그 일곱 가지를 '망가진 이정표'로 묘사했다. 책의 요점은 실제로 이 일곱 개 주제가 세상을 이해할 수 있게 돕는 이정표 역할을 하지만(위대한 오페라에서부터 뉴스 사설에 이르기까지 온갖 곳에서 다양한 모양으로 끊임없이 나타난다는 사실은 이 점을 확실히 보여 준다), 하나같이 실망을 준다는 것이다. 하지만 그 '망가짐'은 그것들이 정말로 어떤 의미인지를 분별하는 데 결정적으로 중요하다.

이를 이해하려면 이 대화에 다양한 목소리를 초대해야 한다. 전작에서는 일반적인 기독교 메시지와 관련하여 일곱 가지 '망가진 이정표'를 논의했다. 이 책에서는 접근을 조금 달리하여 요한복음을 무대로 불러와 이 주제를 다루어 보려 한다. 물론, 성경에는 우리가 같은 방법으로 사용할 수 있는 다른 책도 많다. 하지만 내 생각에는 요한복음이 신선하면서도 때로는 예상치 못한 통찰로 '비록 망가진 이정표라 할지라도 어떻게 이 일곱 가지 주제가 그 역할을 하는지' 잘 보여 줄 것 같은 예감이 든다. 그리하여 꼭 필요하나 실천하기가 만만치 않은 이 일곱 개 주제가 궁극적으로는 '이 세상'을 이해할 수 있게 도와줄 것으로 생각한다.

이전에도 그랬듯, 하퍼원출판사의 미키 모들린이 편집 과정에서 준 도움과 격려에 감사한다. 특별히, 이 책은 재너 리이스에게 도움을 받았다. 옛 친구이자 동료인 캐리 뉴먼에게 이 책을 바친다. 40년 가까이 개인적으로, 학문적으로 우리가 걸어온 길은 서로 밀접하게 연결되어 있다. 우정과 격려, 그리고 스코틀랜드 산악 지대 관개 시설에 관한 그의 관심은 힘든 시절에는 위로가, 좋은 시절에는 즐거움이 되어 주었다. 어쩌면 그는 이 책을 지금과는 조금 다르게 편집하길 원했을지도 모른다. 하지만 다른 영역에서처럼, 우리는 서로 동의하는 많은 부분만큼이나 의견이 엇갈리는 부분도 계속 즐길 것으로 생각한다.

톰 라이트

2020년 주현절에 옥스퍼드 위클리프홀에서

들어가는 말

일곱 가지 이정표

프랑스 철학자 장 폴 사르트르Jean-Paul Sartre는 '타인'이 지옥이라고 했다. 나는 외향적인 사람이라서 그 말에 동의하기 어렵다. 내게는 나만의 지옥이 따로 있다. 나로 말할 것 같으면, 조립식 가구 제품에 들어 있는 도무지 이해하기 힘든 설명서가 지옥이다. 가장 먼저, 퍼즐 조각 같은 부품들을 바닥에 최대한 잘 펼쳐 놓는다. 부품에 무릎이 닿지 않도록 조심하면서 바닥에 어정쩡하게 자리를 잡고 앉는다. 설명서를 다시 한번 읽어 본다. 혹시 제조사에서 다른 제품 설명서를 잘못 넣은 건 아닐까?

제대로 맞는 게 하나도 없는 것 같다. (전에 쓰던 옷장이 새집 안방 문을 통과하지 못해서 조립식 가구를 사야 했다.) 그림 속 상자에 해당하는 옷장 몸체 두 개는 있는데, 연결하는 부분은 어디 있을까? 이 작은 금속 장치는 어떻게 사용하는 것일까? 어떻게 하면 설명서대로 금속 장치를 나사로 고정할 수 있을까? 두 부분을 붙잡고 나사를 조이려면 손이 세 개여야 하지 않을까? 도대체 이게 말이 되는가?

정말 짜증 나는 점은 설명서에는 아무 문제가 없다는 것이다. 이런 일을 자주 겪다 보니 이제는 내 감정이 어떻게 흘러갈지 알 정도다. 처음에는 기대에 부풀어 시작한다. 상자 겉면에 있는 그림은 안방 벽에 이런 제품이 필요하다고 말해 준다. 조립만 하면 된다고 말이다! 하지만 30분 정도 힘을 빼고 나면, 자신감은 온데간데없이 사라지고 만다. 이와 비슷하게, 로버트 피어시그Robert M. Pirsig는 1970년대 고전 《선과 모터사이클 관리술*Zen and the Art of Motorcycle Maintenance*》에서 주인공이 모터사이클의 어떤 부분을 고치려고 애쓰다가 실패한 이야기를 들려준다. 그는 그것을 '기氣가 피시시식 소리를 내며 빠져나가는 소리'라고 부른다. 이보다 더 적절한 표현이 있을까. 분명히 말이 되어야 하는데, 도무지 이해할 수가 없다. 실패를 인정하는 순간, 사기는 뚝 떨어진다. 반드시 딱 들어맞아야 하는 무언가가 들어맞지 않는 이유를 도통 모르겠다. 왜 고칠 수 없는지, 왜 바로잡을 수 없는지, 왜 옷장을 조립하지 못하는지, 왜 '이해하지' 못하는지, 말 그대로 그게 뭐가 됐든 있어야 할 '의미'를 왜 있게 만들지 못하는지 도무지 알 수가 없다. 그러다가 어느 순간, 부품을 몽땅 창밖으로 던져 버리고 싶은 심정이 될지도 모른다.

이렇게 해서 다시 장 폴 사르트르와 이 책의 요점으로 돌아가게 된다. 인간은 세상이 이치에 맞는 곳이어야 한다는 생각을 주기적으로 한다. 세상이 어떠해야 한다는 일종의 표지(혹은 단서)가 몇 가지 있다. 하지만 세상은 그 표지들이 가리키는 듯한 방향으로 흘러가지 않는다.

앞으로 자세히 살펴보겠지만, 두 가지 확실한 예를 들어 보자. 정의가 중요하다는 건 누구나 알지만, 최상의 시스템에서도 실수는 있기 마련이어서 죄 없는 사람이 유죄 판결을 받고 범죄자는 처벌을 피한다. 그러면 우리는 판사와 배심원과 사법 시스템 전체를 불신하기 시작한다. 마찬가지로, 관계가 중요하다는 건 모든 사람이 아는 사실이다. 그런데 우리는 서로 오해하고 상처 주며 가장 중요한 관계를 영원히 망가뜨리는 일이 얼마나 많은가. 사르트르가 부품 전체를 창밖으로 던지라고 말한 것은 바로 이 지점이다. 그는 인생이 '신물 나는 농담'이라고 했다.

세상은 우리에게 많은 것을 약속한다. 황홀하게 미소 지으면서 좋은 일이 생길 거라고 말한다. 하지만 그런 일은 절대 일어나지 않는다. 설령 좋은 일이 잠시 생기더라도, 사르트르의 회의주의가 강조하는 어둡고 사악한 진리를 곧 맞닥뜨려야 한다. 일부 대담한 철학자들은 "죽음이 전멸을 의미한다고 해도 우리는 세상을 이해할 수 있다"라고 말했다. 하지만 많은 사람에게 그 말은 어둠 속에서 들리는 휘파람 소리 같다. 소리는 경쾌한데 즐겁지 않다.

그러면 우리는 이 이정표들, 마치 조립식 가구 설명서의 그림처럼 우리가 세상을 이해할 수 있고 이해해야 한다고 암시하는 이 세상의 특징들에 대해 뭐라고 말할 수 있을까? 여기서 '이해한다'라는 말은 삶이 무엇인지 이해할 뿐 아니라('사물의 존재 의미를 이해한다'라는 의미에서), 그 삶에 창의적으로 이바지할 수 있어야 한다(앞으로 나아가는 새롭고 창의적인 방식을 모색한다는 의미에서)는 의미다.

이 책에서는 이 질문에 두 방식으로 접근하려 한다. 둘은 각기 다르지만, 나중에는 하나로 수렴된다. 첫 번째로, 내가 '망가진 이정표'라고 이름 붙인, 세상의 일곱 가지 특징을 살펴볼 것이다. 조금 전에 이야기한 정의와의 관계처럼, 이 특징들은 실재하고 지속적인 의미를 가리키는 듯 보이나 결정적인 순간에 우리를 실망시킬 때가 많다. 내 생각에는 인류 역사의 어느 시대 어느 사회에서든 이 일곱 이정표에 대한 인식은 비슷했다. 매우 다양한 문화권에서 사람들은 이 일곱 가지 이정표의 중요성을 잘 알고 있었고, 동시에 이 이정표들을 대체로 이해하기 힘들다는 사실 때문에 똑같이 힘들어했다.

위대한 철학자들은 이 이정표들에 대해 추상적인 글을 남겼다. 예를 들면, 플라톤은 《국가론*Politeia*》에서 정의의 문제를, 《향연*Symposion*》에서 사랑의 문제를 다룬다. 위대한 소설가와 극작가들도 마찬가지였다. 거기에 미치지 못하는 수많은 평범한 작가들이 나머지 빈틈을 메웠다. 그렇게 해서 저속한 텔레비전 시트콤마저도 공정성과 우정, 자유 등의 주제에 집중했다. 이런 현상은 이 주제들이 세상의 핵심이요 우리 삶에 없어서는 안 될 요소이지만, 아직도 우리를 큰 혼란에 빠뜨리고 있다는 사실을 가리킨다. 그렇다면 가장 먼저 할 일은 이 일곱 가지 이정표를 자세히 들여다보고 이 망가진 이정표들이 우리에게 무엇을 말해 주는지 살피는 것이다.

두 번째는 나사렛 예수를 따르는 사람들이 처음부터 핵심이요 생명을 준다고 보았던 문서를 자세히 살펴보는 새로운 방식이다. 내가 이 책에서 주장하는 바는, 우리가 기독교 메시지를 이해할 때 그것이 우리가 사는 세상을 '이해하게' 해 준다는 사실을 알게 된다는 것이다. 기독교 메시지는 우리가 세상을 이해하고, 우리 삶을 통해 새로운 '의미'를 더할 수 있게 도와주기 때문이다. 그러나 기독교 메시지 전체를 살펴보는 것은 너무 큰 작업이 될 터이므로, 여기서는 요한복음이라는 한 문서에 집중하기로 했다. 요한복음은 모든 사회의 모든 사람이 꼭 필요하다고 생각한 이런 질문들에 예리하고 놀라운 통찰을 제공한다.

신약 성경의 네 번째 책인 요한복음은 2천 년 가까이 많은 사랑을 받았다. 지혜롭고 영적 통찰력이 뛰어난 위인들은 요한복음에서 끊임없이 영감을 얻었다. 정통한 사상가들도 요한복음을 숙고했다. 수많은 설교자가 요한복음을 가르쳤다. 매년 12월, 여러 성탄 전야 미사에서 "태초에 '말씀'이 계셨다"라는 요한복음 첫 줄을 선포한다. 우리는 이 말씀을 아주 간단하게 생각하지만, 사실은 아주 많은 뜻을 내포한 심오한 말씀이다.

한밤중에 예수님을 찾아간 니고데모, 죽었다가 다시 살아난 나사로, 손을 내밀어 예수님의 상처를 만지려 한 '의심 많은 도마' 등 요한복음에 나오는 몇몇 유명한 장면은 위대한 화가들의 그림과 재능 있는 작곡가들의 음악으로 태어나고, 세계 최고 작가들의 작품에 새겨졌다. 하지만 끝을 알 수 없을 정도로 깊이 있고 아름다운 이 복음서는 대개 사람들이 일곱 가지 이정표를 숙고하려 할 때 찾는 본문은 아니다. 하지만 이제는 한번 그렇게 해 보면 어떨까.

나는 '세상을 이해하려는' 도전과 요한복음을 신선한 시각으로 보라는 초대를 함께 묶어서, 세상에서 도피하는 것이 예수님이 주신 메시지의 전체적인 요점이라고 보는 사람들과는 의도적으로 다른 입장을 취한다. 기독교 신앙과 실천의 다양한 변종에서, 사람들은 적어도 부분적으로는 사르트르의 말에 암묵적으로 동의했다. 삶은 추악하고 아무 의미가 없으니, 이 세상을 쓸어 버리고 대개 '천국'이라고 말하는 더 좋은 세상으로 가는 것이 최선이라고 말이다. 잔혹함과 부패가 정상이 되어 버리고 질병이나 '자연재해'가 전체 사회를 위협하는 세상에서 사람들이 그런 결론에 도달하는 것도 충분히 이해할 만하다. 그런 끔찍한 위협을 만난 사람들이 나처럼 안락한 서양인을 보고는 "당신은 현실이 얼마나 힘든지 모를 겁니다"라고 생각하는 것도 이해한다. 일리 있는 말이다.

하지만 기독교 신앙은 처음부터 줄곧 이런 확신이 있었다. 예수님을 통해, 예수님 안에 자신을 계시하신 하나님이 세상의 창조주이시고 그분이 만사를 바로잡겠다고 약속하셨다고 말이다. 이것이 (우리 같은 안락한 서양인들에게도 다양한 모습으로 찾아올 수 있는) 가장 어두운 시기에조차 세상에서 벗어나는 것이 아니라, 내가 언급한 두 방식으로 '세상을 이해하는' 것이 해결책인 근거다. 이것이 이 책의 요점이다.

그러면 이 일곱 이정표는 무엇이고, 우리는 이 이정표들을 어떻게 다루어야 할까? 정의(공정성, 모든 것을 '바로잡아야' 한다는 의식)와 관계(사람들이 많이 오용하는 단어 '사랑'에 집중하면서도 사방으로 퍼져 나가는), 이 둘은 이미 언급했다. 앞에서도 말했듯이, 이전 책 《톰 라이트와 함께하는 기독교 여행》에서는 두 가지를 더 추가하여 영성과 아름다움도 다루었다. 이제, 여기에 자유, 진리, 권력 셋을 더하여 모두 일곱 가지를 설명하려 한다.

이 단어들은 우리에게 말해 주는 바가 별로 없다. 어울리지 않는 이름표다. 실제로, 이 단어들이 떠올리게 하는 실재와 제기하는 질문들에 가까이 다가갈수록 부적절하다는 생각을 지우기 어렵다. 이것들은 사랑하는 사람의 여권 사진 정도의 역할을 할 뿐이지만, 당장은 잠깐이나마 효과가 있다. 일곱 이정표 각각은 삶의 큰 문제를 하나씩 확인해 준다. 다 함께 인간이 서로서로, 그리고 세상과 관계 맺는 방식의 다른 모든 측면에 토대가 되어 준다.

요점은 우리가 각 경우에 똑같은 혼란을 맞닥뜨린다는 것이다. 이 일곱 가지 모두 '세상을 이해하는' 방식으로 널리 인정된다. 고대 로마인들은 자기네 사법 제도가 모든 것을 다 잘 설명해 준다고 믿었다. 마키아벨리는 순전한 권력만이 필요하다고 주장했(고 많은 사람이 그의 사상을 실행에 옮겼)다. 설령 그 권력을 실행하기 위해 거짓말을 하고 남을 속여야 하더라도 말이다. 미국은 유서 깊은 '자유'의 전통을 자랑스러워한다. 이런 것들이 세상을 이해하도록 도와준다는 것은 누구나 안다. 문제는 대부분 (내가 산 조립식 가구처럼) 이것들을 어떻게 조립해야 하는지 잘 모른다는 점이다.

피하려고 애써도, 이 이정표들은 계속해서 다시 나타난다. 때로는 벗어났다고 생각한 바로 그 순간, 뒤에서 몰래 다가오기도 한다. 그리고 수많은 뉴스 기사 배후에 있는 혼란을 만들어 낸다. 정치인들이 해결하고 싶어 하지만 절대로 해결할 수 없는 문제들 뒤에 이 이정표들이 있다. 명작 소설의 페이지마다 나타나 우리를 괴롭힌다. 시를 음미할 때마다 우리 옆구리를 찔러 댄다. 좋은 영화에는 틀림없이 이런저런 식으로 모습을 드러낸다. 가정에서 겪는 스트레스와 압박 때문에 우리는 다시 한번 이 이정표들에 관심을 쏟게 된다. 이 이정표들은 굉장히 흥미롭지만 불만스럽기도 하다. 이것들을 곰곰이 생각하는 것이 모든 철학자의 취미라면, 이것들을 해결하지 못하는 것은 모든 철학자의 악몽이다. 이 일곱 이정표는 세상을 이해하는 열쇠, 인간이 된다는 것과 인류가 번영하고 번성한다는 것의 의미를 이해하는 열쇠를 쥐고 있다.

모든 철학, 모든 종교, 모든 정치 제도, 모든 사회에는 이 일곱 이정표에 대한 나름의 관점이 있다. 사실, 남녀노소를 막론하고 모든 사람에게 그런 관점이 있다. 뭔가 잘못되어서 갑자기 그와 연관된 이정표가 어떤 도전이나 문제, 수수께끼 형태로 다시 나타나기 전까지는 많은 사람이 그것을 당연하게 여길 뿐이다. 당신이 무시하려 한다면, 그 이정표는 당신에게 복수하려 할 (수 있고 할) 것이다. 진정한 인간의 삶, 곧 진정 '현명한' 인간의 삶은 비록 혼란을 줄 때가 많기는 해도 이 이정표들을 인식하는 법을 배우는 것이다. 또한, 이정표들의 의미를 각자의 방식으로 파악하려 애쓰는 다른 많은 사람에게 예리하고 영리하게 그 의미를 터득하는 법을 배우는 것이다. 어쩌면 이 일곱 이정표는 각자 열쇠를 가진 일곱 사람이 모두 한자리에 모여야 가장 내밀한 금고를 열 수 있는 보안 시스템 같은 것인지도 모른다.

그러나 앞으로 설명하겠지만, 이 이정표들은 우리에게 혼란만 주는 것이 아니라 심지어 '망가져' 있다. 언젠가 가족들과 함께 한적한 시골로 휴가를 떠난 적이 있다. 주변 시골길을 산책하다가 숙소로 돌아가는 길을 찾는데, 엉뚱한 방향으로 한참 헤맨 뒤에야 갈림길에 있는 이정표 일부가 잘못된 것을 알았다. 어쩌다 보니 그렇게 되었는지, 누가 고의로 장난을 쳤는지는 알 길이 없었다. 내가 여기서 나열한 일곱 '이정표'가 그와 비슷하다. 그중 일부는 실제로 정반대 방향을 가리키고 있을 수도 있다. 예를 들어, 관계를 강조하다 보면 일부는 자유를 양보해야 한다고 느끼는 세상을 만들 수도 있다. 반대로 자유를 강조하면, 관계를 타협해야 하고 말이다. 수많은 가정의 갈등 상황과 위험한 정치 문제들 배후에 이런 딜레마가 있다. 또다시 사람들은 그리스도인(과 다른 신앙을 가진 사람)을 비난했다. 영성에만 지나치게 집중하느라 정의를 잊어버렸다고 말이다. 그러면 신자들은 그 비난을 통치자들, 특히 무신론을 주장하는 통치자들에게 되돌리곤 했다. 진리 및 권력과 관련해서는 "권력에 진실을 말해야 한다"고들 이야기하는데, '진실을 숨기는 것'이야말로 권력자들이 정말 자주 저지르는 짓 중의 하나다.

그렇다면 이런 질문을 제기할 수 있다. 이 일곱 가지 이정표는 환상에 불과하지 않은가? 이것들은 우리의 머나먼 조상이 배를 채우고 짝짓고 싸우고 도망치기 위해 해야 했던 다양한 일의 흔적이 아닌가? 그렇다면, 이 모두는 다 신물 나는 농담에 지나지 않는 것 아닌가? 그렇다면, 우리는 인생에서 얻을 수 있는 것은 손에 넣고,

남들은 어떻게 되든 상관하지 않아도 어쩔 수 없는 것 아닌가?

잠깐, 남들은 어떻게 되든 상관없다니! "아, 말하자면 그렇다는 거죠." 음. 그럴 수도 있고, 아닐 수도 있다. 우리가 일곱 가지 이정표를 잘 인식하고 그에 맞춰 살아가려고 애쓰면서도 여전히 뭔가 오해하고 있는 듯하다는 사실은 이 세상에 치명적인 오류가 있고 우주의 이야기에 반전이 있다는 의미일까? 뭔가가 우리가 근원적인 실재나 인생의 의미에 도달하지 못하도록 적극적으로 막고 있다는 의미일까? 우리는 영영 그 전체 이야기를 '이해하지' 못할지도 모르는 것일까? 그렇게 생각하는 사람들도 있었지만, 우리를 혼란에 빠뜨린 이정표들처럼 이 문제도 수수께끼로 남는다.

어찌 됐든, 이 일곱 가지가 정말로 보편적인 중요성을 지닌 주제라는 것을 알기 위해 굳이 현실이나 전 세계의 고전 연극, 오페라, 소설, 시를 들여다보지 않아도 된다. 모든 사람은 우리가 사는 세상을 이해하기 위해 애쓰고 있고, 각각이 인도하는 대로 따라갔다가 좌절했다는 의미에서 이 이정표들이 비록 '망가졌다' 하더라도 아주 중요하다는 것을 우리는 잘 안다.

세상을 어떻게 이해해야 하는지 이 이정표들이 간접적으로나마 실마리를 제공하는 것처럼 보이는가? 그렇다면 세상을 만드시고 여전히 다스리고 계신 창조주 하나님의 가능성을 이것들이 알려 주지는 않을까? 많은 사람이 그렇게 생각했다. 그들은 정의와 자유 등에 대한 인간의 타고난 감각은 우리가 본능적으로 창조주의 성품을 일부 반영하도록 창조되었다는 강력한 가능성을 암시한다고 제안했다. 하지만 이런 관점은 지난 2백 년 동안 계속해서 엄청난 공격을 받아서 더는 그렇게 가정할 수 없을 정도가 되었다. 실제로, 이 '망가진' 이정표들은 번번이 그런 추론이 불가능하다는 의미로 비쳤다.

나는《역사와 종말론》에서 나사렛 예수가 중심에 두셨던 온전한 그림을 이해하기만 한다면, 우리가 이 이정표들을 되찾을 수 있다고 주장했다. 그것들이 비록 '망가져서' 우리에게 필요한 설명을 제대로 해 줄 수는 없지만, 올바른 방향을 가리키고 있기 때문이다. 그러나 이 책은 그와는 다른 방식으로 이 문제에 접근한다. 예수님의 이야기를 전달한 가장 중요한 초기 기독교 문서 중 하나를 자세히 살펴봄으로써 우리가 이 이정표들을 활용하여 세상을 이해할 수 있다고 제안하려 한다. 그렇게 해서 우리는 세상이 어떻게 존재하는지 새롭게 이해하고, 창조주가 그분의 창조 세계에 바라시는 새로운 '감각'에 제대로 기여할 수 있다.

1장 정의

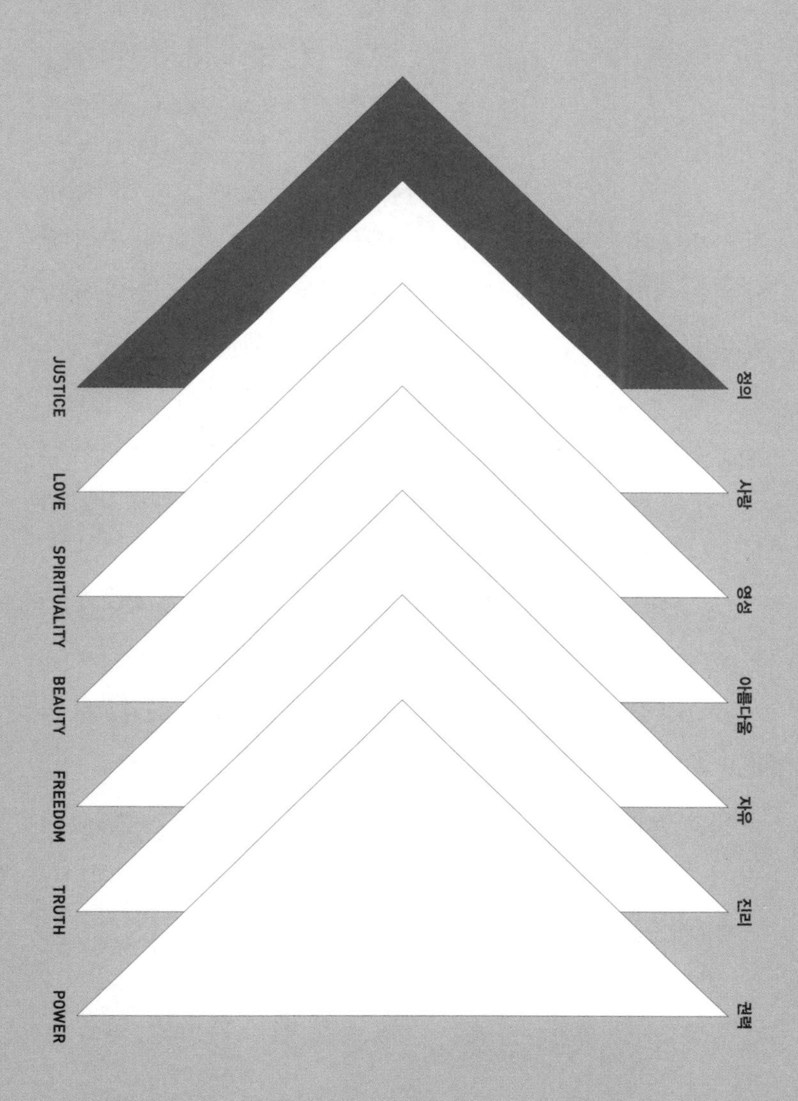
JUSTICE
정의
LOVE
사랑
SPIRITUALITY
영성
BEAUTY
아름다움
FREEDOM
자유
TRUTH
진리
POWER
권력

친구 부부와 저녁 식사를 하는 자리였다. 남편은 내 동료 학자인데, 지구 반대편에 살고 있어서 그리 자주 만나지는 못한다. 그 친구와 나는 여러 주제를 두고 대화를 나누기를 고대하고 있었다. 어느 학자가 무슨 주제를 연구한다더라, 사도 바울에 관한 최신 연구로는 이런 게 있다더라, 모 대학 차기 교수는 누가 되어야 하지 않겠느냐 같은 이야기였다. 그런데 식탁 자리 배치가 기대와 달라서 그 친구와 내 아내가 나란히 앉게 되었다. 아내가 성서학계에 갖는 관심은 내가 지렁이 생물학에 갖는 관심에 조금 못 미친다.

친구와 내 아내는 그리 잘 아는 사이가 아니었다. 친구가 불현듯 요즘 어떤 책을 읽고 있느냐고 물었다. 식탁 맞은편에 앉은 내게도 아내 얼굴이 환해지는 것이 보였다. 아내는 어떤 범죄소설 작가의 이름을 댔고, 연이어 몇몇 이름을 더 꺼냈다. 친구도 그 책들을 읽고 있었나 보다! 그다음에는 대화가 일사천리로 진행되었다. 두 사람은 책에 대한 감상을 나누고 좋아하는 작품을 비교하더니 결국에는 이메일 주소를 주고받았다.

범죄소설이 어떻길래? 어떤 사람들은 나를 놀리는 투로, 아내가 범죄소설을 좋아하는 데는 '그럴 만한' 이유가 있다고 했다. 주교의 아내로 살면서 인생의 일그러진 면을 너무 가까이서 목격했기 때문이라나. 그럴지도 모르겠다. 하지만 내 생각에는, 다른 이유가 더 있는 것 같다.

범죄소설의 핵심(고도의 지능이 필요하지는 않지만, 나로서는 현 상태를 이해하는 데 도움이 된다)은 '마지막에 반드시 정의가 이루어진다'는 것이다. 의문이 풀린다. 살인자를 찾아서, 대개는 체포하고 고발하여 유죄를 선고한다. 모두가 안도의 한숨을 내쉰다. 나는 범죄소설에서 잔인하거나 소름이 끼치는 부분은 별로 좋아하지 않지만, 마지막에 모든 게 제자리로 돌아가는 모습을 확인하는 만족감은 충분히 이해할 수 있다.

그것은 인간이면 누구에게나 있는 보편적인 갈망이다. 세상이 비정상이라는 건 누구나 안다. 온 세계가, 우리나라도, 당신 나라도, 우리 동네도, 당신 동네도, 우리 가족도, 어쩌면 당신 가족도 그럴 것이다. 누군가 빈 종이를 한 장 건네면서 우리에게 잘못한 사람들 이름을 적어 보라고 하면, 대부분은 별로 어렵지 않게 한 면을 다 채울 것이다. 솔직한 사람이라면, '우리'가 잘못을 저지른 사람들 이름도 그만큼은 적을 수 있을 것이다. 그런 잘못은 대개 그냥 넘어가기 일쑤다. 그러면 제대로 치료하지 않은 상처처럼 곪아 터진다.

그렇게 전쟁이 시작된다. 오래된 불만, 바로잡지 못한 무언가에서부터 출발한다. 20세기, 특히 유럽 역사는 어떤 나라나 민족을 괴롭혀 온 부당함이 쌓이고 쌓여 결국에는 '어떤 조치를 해야 할'

지경에 이른 이야기다. 안타깝게도, 그렇게 해서 취해진 '어떤 조치'는 더 큰 불만과 그에 따른 영향을 낳았다. '의도하지 않은 결과의 법칙'이 등장했고, 세상 사람들은 그 '결과' 중에서 '바로잡을' 것은 무엇이고 그냥 넘어갈 수 있는 것은 무엇인지 여전히 궁금해한다. 오늘날 중동 지역만 보아도, 이스라엘과 팔레스타인은 물론이고 레바논, 시리아, 이라크, 이집트 같은 몇몇 국가만 떠올려도 그곳에서 벌어지는 부당한 일들을 트리폴리에서 바그다드까지 줄 세울 수 있다.

전 세계 차원에서 얼핏 떠올려 봐도 그 정도고(남한과 북한이나 중국과 대만, 북미 원주민의 곤경 등은 언급하지도 않았다), 가정과 학교 운동장 같은 개인적인 차원에서도 상황은 마찬가지다. 어릴 적에 같은 반 친구들을 괴롭히던 얘들이나 학교생활을 끔찍하게 만든 고약한 교사 이름을 아직도 기억하는 어른이 많다. 수년 전, 어쩌면 수십 년 전에 있었던 일 때문에 지금까지도 형제자매나 사촌이 '말을 섞지 않는' 가정도 많다.

정의에 대한 본능은 굉장히 깊다. 정의가 무엇인지 알려고 윤리학 석사 학위를 딸 필요는 없다. 그것은 보편적인 인간의 의식이다. "이건 옳지 않아. 바로잡아야 한다고!"

삼척동자도 안다. 하지만 '바로잡는' 게 말처럼 쉽지 않다. 교사는 운동장에서 발생한 문제를 해결할 수도 있고, 해결하지 못할 수도 있다. 부모는 말다툼하는 자매를 화해시킬 수도 있고, 화해시키지 못할 수도 있다. 외교관과 중재자들은 양측을 한자리에 불러서 협상을 진행하지만, 결렬될 때가 많다. 몇몇 국가에서 '회복적 정의'를 구현하려고 시도했다. 대표적인 예가 마오리 전통문화에 기반하여 회복적 정의를 세우려 한 뉴질랜드인데, 창의적이고 긍정적이었다. 하지만 아직도 많은 나라의 사법 제도는 가까이에서 들여다보면 정의롭지도 체계적이지도 않다. 문제는 이것이다. 정의가 중요하다는 건 누구나 다 알지만, 정의를 실천하기란 몹시 어렵고 때로는 아예 불가능하기 때문이다.

다시 말해, 우리는 '정의'가 삶의 토대나 핵심을 가리키는 이정표라는 사실을 안다. 동시에, 그것이 '망가진' 이정표인 것도 안다. 이상에 맞추어 살아가고자 아무리 몸부림쳐도 실패하기 때문이다. 오히려 더 많은 불의를 만들어 낼 때도 있다. 수많은 문제의 핵심에 있는 이런 긴장을 어떻게 설명할 수 있을까?

● 정의의 하나님

요한복음을 잘 아는 독자라면 이 책이 하나님의 사랑을 이야기한다고 생각할지 모르겠다. 혹은 하나님 아버지와 친밀한 관계를 맺으라는 초대장이나 영적 회복을 약속하는 책으로 여길 수도 있다. 앞으로 살펴보겠지만, 모두 맞는 말이다. 하지만 요한복음의 핵심에는 마침내 세상이 제대로 책임을 추궁당한다는 메시지가 있다.

> 정죄는 이것이다. 곧 빛이 세상에 왔으나, 사람들이 자신의 행위가

악하여 빛보다 어둠을 더 사랑한 것이다. 악을 행하는 사람은 누구나 빛을 미워한다. 그런 사람들은 자신의 행위가 드러나 비난받을까 두려워 빛으로 나오지 않는다. 하지만 진리를 행하는 사람은 빛으로 나와서, 그들의 행위가 하나님 안에서 행한 것임이 분명하게 드러난다(요 3:19-21).

하나님이 '세상을 얼마나 사랑하셨는지' 하나뿐인 아들을 보내셔서 구원하셨다는 요한복음 3장 16절의 유명한 구절을 아는 사람은 많지만, 그 말씀 직후에 정의에 대한 이런 강력한 말씀이 나온다는 사실을 아는 사람은 별로 없는 듯하다. 하나님의 빛은 어둠 속에서 저지른 악한 행위를 드러내실 것이다. 정의는 하나님의 사랑이 나타난 것이다.

따라서 하나님의 빛과 사랑이 세상에 오신 것은 마침내 그분이 모든 것을 바로잡으신다는 뜻이다. 이는 최후의 '판결', 곧 유대 세계에서는 궁극적으로 '정의'가 드러나는 것을 뜻한다.

알다시피, 아버지께서 아무도 심판하지 않으신다. 아버지께서 심판을 전부 아들에게 맡기셨다. 그래서 모든 사람이 아버지를 공경하듯 아들도 공경하게 하신다. 누구든 아들을 공경하지 않는 사람은 그를 보내신 아버지도 공경하지 않는다.

내가 너희에게 엄중한 진실을 말한다. 누구든 내 말을 듣고 나를 보내신 분을 믿는 사람은 하나님의 오는 시대의 생명을 얻는다. 그런 사람은 심판을 받지 않을 것이다. 그들은 죽음에서 나와 생명으로 옮겨 갈 것이다. 내가 너희에게 엄중한 진실을 말한다. 죽은 사람들이 하나님의 아들의 음성을 들을 때가 오고 있으며—사실 이미 여기 와 있다!—그 음성을 듣는 사람들은 살 것이다. 알다시피, 아버지께서 자기 안에 생명을 갖고 계시듯, 아들에게도 같은 방식으로 자기 안에 생명을 가질 특권을 주셨다. 아버지께서 심판하는 권위까지 아들에게 주셨다. 아들이 인자이기 때문이다(요 5:22-27).

요한복음이 묘사하는 하나님은 정의에 관심이 크시다. 이 점이 핵심이다. 인간의 내면에도 정의에 대한 이런 갈망이 강력하게 울리고 있지만, 하나님 안에는 그 갈망이 온전하게 완성되었다. 기독교 신앙은 불의가 최종 결정권자가 되도록 하나님이 허락하지 않으시리라는 희망을 준다. 그것이 복음이라는 좋은 소식의 핵심 요소다.

요한복음은 '온 세상이 결국 어떻게 바로잡힐지를 이야기하는 책'임을 기억해야 한다. 요한복음은 '정의'에 대한 책이다. 요한복음은 창조주 하나님이 세상을 정리하고 바로잡으시는 데 얼마나 열정이 많으신지 들려준다. 그리고 그분이 하신 일이 어떻게 세상을 바로잡는지 들려준다. 이 큰 이야기를 마음에 두지 않고 요한복음을 읽으면, 우리가 (정당하고도 올바르게) 원하고 기대하는 사랑과 위로의 가르침을 이해할 수 없다.

요한복음에서 가장 어두운 두 현실을 마주할 때는 궁극적인 진리를 기억하는 것이 중요하다. 첫째로, 예수님이 겉으로 보기에는 불의의 희생자라는 사실을 기억해야 하고, 둘째로, 이 세상에 불의를 만들고 악화시키는 대적의 힘을 기억해야 한다.

● 고발당하신 예수님

하나님이 약속하신 진정한 정의는 아무런 방해를 받지 않은 것이 아니다. 오히려, 복음 이야기가 진행되면서 예수님이 몸소 어떤 의미에서는 심판을 받으신다는 점이 분명해진다. 그리고 이것이야말로 정말로 좋은 소식이다. 이 땅에서 우리는 불의를 경험하면서 분노라는 감정과 씨름한다. 억울하게 비난을 받은 사람도 있을 것이다. 다른 사람에게 신체적으로나 정서적으로 상처를 받기도 한다. 기독교에서 가장 큰 구원의 메시지 중 하나는 예수님도 친히 이런 종류의 불의를 경험하셨다는 것이다. 언뜻 보기에는 그리 희망적인 메시지가 아닐지 모르지만, 이는 하나님이 피해자 편이라는 사실을 우리가 결국 이해할 수 있게 도와준다. 특히나 우리가 그다음에 벌어진 일을 볼 때 말이다.

예수님에 대한 비난과 위협은 요한복음 초반부터 시작되는데, 안식일에 병자를 고쳐 주신 후에는 더욱 심해진다(요 5:18; 7:1). 이런 비난은 세례 요한과 성부 하나님을 포함하여 예수님 편에서 증언하는 '증인들'을 주기적으로 소환하여 균형을 맞춘다(요 5:31-38). 이 상황은 예수님을 고소하는 이들이 와서 그분이 귀신 들렸고(요

7:20) 사람들을 '속이고 있다'(요 7:12)고 주장하는 7장, 8장, 9장에서 절정에 달한다. 모세는 신명기에서 이런 속이는 사람에 대해 경고했는데, 그들은 사람들을 잘못된 방향으로 인도한다. 이런 배경에서 예수님은 올바른 심판이 꼭 필요하고, 하나님의 뜻대로 이루어질 것이라고 다시 한번 주장하신다.

> 겉모습으로 판단하지 마라! 정당하고 올바른 판단을 내려라!(요 7:24)

> 너희는 한낱 인간적 관점으로 심판하지만, 나는 아무도 심판하지 않는다. 하지만 내가 심판하더라도, 내 심판은 참되다. 나는 나 홀로 발언하는 것이 아니라, 나를 보내신 아버지를 내 편으로 삼고 있기 때문이다(요 8:15-16).

'고소' 사건을 다룬 이상한 이야기로 시작하는 8장은 더더욱 흥미진진하다. 간음하다가 현장에서 잡힌 여자에게 돌을 던지려 한 사람들의 이야기다(요 8:1-11). 예수님이 웅크리고 앉으셔서 손가락으로 땅에 무언가를 쓰시는 장면을 포함하여 이 이야기의 다양한 층위 가운데서 우리는 "이런 상황에서 정의란 과연 무엇인가?" 하는 질문을 맞닥뜨린다.

이 여자를 위험한 지경까지 몰고 간 대중은 그 여자가 아니라 예수님께 죄를 뒤집어씌우기를 기대하고 있는 것이 틀림없다. 과

연 예수는 모세의 율법을 인정할 것인가, 인정하지 않을 것인가? 하지만 전체 복음 이야기를 통해 펼쳐지는 극적인 기대감 가운데 예수님은 전세를 뒤집으신다. "너희 가운데 누구든 죄 없는 사람이 먼저 여자에게 돌을 던져라"(요 8:7). 이제 '그분'이 '그들'을, 그들의 죄와 위선을 고소하고 계신 것이다. 그들은 그것을 눈치챘다. 가장 나이 많은 사람들부터 하나둘 슬금슬금 자리를 피한다. 예수님의 질문만 공중에 맴돈다. "여자여, 사람들이 어디로 갔느냐? 너를 정죄하는 사람이 아무도 없느냐?"(요 8:10) 아무도 없고, 예수님도 정죄하시지 않으신다.

하지만 이 질문은 그다음에 이어진 대화에서 더 강력하게 되돌아온다. 예수님께 죄를 뒤집어씌우는 데 실패한 그들은 다른 방법으로 그분을 고소한다. 참된 증거는 다 그분 편인데도 말이다.

> 예수께서 그들에게 대답하셨다. "설령 내가 나 자신에 대해 증언하더라도, 내 증언은 참되다. 나는 내가 어디서 왔고 어디로 가는지 알기 때문이다. 하지만 너희는 내가 어디서 왔는지 혹은 어디로 가는지 모른다. 너희는 한낱 인간적 관점으로 심판하지만, 나는 아무도 심판하지 않는다"(요 8:14-15).

우리가 방금 들은 이야기에서처럼, 독자들은 그렇다고 생각한다. 하지만 그분은 계속해서 이렇게 말씀하신다.

하지만 내가 심판하더라도, 내 심판은 참되다. 나는 나 홀로 발언하는 것이 아니라, 나를 보내신 아버지를 내 편으로 삼고 있기 때문이다(요 8:16).

예수님이 그 여자에 대해 대중에게 던지신 질문은 이제 도전으로 바뀐다. "너희 가운데 누가 '나를' 고발할 수 있느냐?"(요 8:46) 그래도 그들은 고집을 꺾지 않는다. 틀림없이 예수님께 귀신이 들렸다는 것이다(요 8:48, 52). 이쯤 되면 우리는 이 대화가 어떻게 흘러갈지 알 수 있다. 요한은 정의에 대한 질문, 최후의 심판에 대한 질문을 다른 차원으로 바꿔 놓았다. 44절에 나오는 '마귀'는 '고발자'를 뜻하는 히브리어 '하사탄*ha-satan*'을 떠올리게 한다. 요한복음 중간 장들에서 볼 수 있는 아이러니는 예수님이 귀신 들렸다고 주장하는 이들을 포함하여 그분을 고소하려는 대중이 바로 그 '고발자'의 일을 하고 있다는 점이다. 그래서 이런 복잡한 양상은 이야기 끝에 가서야 비로소 풀린다.

이 단계에서 분명한 점은 이 내러티브가 정의라는 더 큰 질문, 결국에는 만사가 바로잡힐 것이라는 모든 인간의 갈망을 다루고 있다는 것이다. 하지만 어떻게? 예수님은 그분의 사명이 모든 것을 정리하고 명확하게 하시는 것이라고 한 번 더 선언하신다.

예수께서 말씀하셨다. "나는 세상을 심판하러 왔다. 보지 못하는 사람은 보게 하고, 보는 사람은 눈멀게 하려는 것이다"(요 9:39).

그런데 이 말씀은 무슨 뜻인가? 예수님은 어떻게 이 일을 하시겠다는 것일까? 원치 않더라도 결국에는 모든 사람이 정의를 보고 깨닫는다는 뜻인가? 구체적으로 어떻게 영적 전쟁(이것이 진정한 문제로 서서히 드러나고 있는 것 같으니)에서 이기고 지게 되는 것인가?

이런 질문들은 서로 연결되어 있다. 부분적으로는 "기다려 보라"는 것이 답인데, 거기에는 두 가지 의미가 있다. 우선, 예수님의 심판과 처형에서 이 드라마가 펼쳐질 것이라는 의미에서, 또한 이 사건들이 장기적으로는 궁극적인 새 창조로 이어질 새로운 세상, 새로운 존재 방식을 불러올 것이라는 더 큰 의미에서 말이다.

● 대적자

지금까지 내용에 비추어, 12장에서 마침내 진정한 '대적자'가 밝혀질 때 놀라서는 안 된다. 앞으로도 여러 번 다시 돌아가서 살펴볼 단락에서 예수님이 가리키시는 진범, 곧 하나님의 선한 세상을 망가뜨리고 타락시킨 악과 죽음의 배후에 있는 어둠의 세력은 바로 '이 세상의 통치자'다. 결국에는 정의가 실현되겠지만, 이차적인 원인이나 동인에 근거하지는 않을 것이다. 요한복음이 범죄소설 같다면, 바로 이 대목에서 우리는 누가 진짜 악당이고 어떻게 문제가 해결될지 확실한 실마리를 얻을 것이다. 이 장면은 연극으로 치면 사건의 반전 역할을 한다. 갑자기 감독이 조명을 바꾸어서, 배경에 내내 서 있으면서 칼을 휘두를 준비를 하고 있던 진짜 악당을 관객에게 보여 주는 것이다.

그 순간이 온 것을 알아차리신 예수님은 갑자기 전혀 새로운 주제를 내뱉으신다. 세상을 구원하려면 어둠의 세력을 물리쳐야만 한다.

> 이제 이 세상의 심판이 온다! 이제 이 세상의 통치자가 쫓겨날 것이다! 또 내가 땅에서 들려 올라갈 때, 모든 사람을 내게로 이끌 것이다(요 12:31-32).

마침내 이 말씀이 진짜 소송은 무엇이고, 어떻게 궁극적인 정의가 실현될지를 드러낸다. 인간은 제대로 이해하지 못하는 것이 당연하다. 더 크고 어두운 세력이 관여하고 있기 때문이다. 이것은 단지 인간의 정의에 관한 이야기가 아니다. 창조 세계를 바로잡는 이야기만도 아니다. 물론 그것도 포함되기는 한다. 오히려 어둠의 세력, 반창조 세력이기에 진짜 이름이 없는 세력에 관한 이야기다. 바로 '이 세상의 통치자' 말이다. 무슨 일이 벌어진 것인가? 이 모든 이야기는 어떻게 들어맞는가?

인간은 우상을 숭배했고, 우상이 세상을 장악했다. 세상 모든 불의와 악의 배후에는 어둠의 세력, 고발자, '사탄', 죽음을 불러온 어두운 존재가 있다. 요한은 예수님(증인들은 증거를 제시하려고 줄을 서 있고 음모자들은 그분을 모함하는, '재판받으시는 예수님') 이야기가 심판의 순간, 곧 어둠의 세력이 드러나고 처리되는 순간이 어떻게 반전되는지에 관한 이야기라고 말하고 있다. 요한의 이야기에서는 바로 '예수님'이 진짜 악당으로 '드러나고' 십자가에 처형되기 때문이다. 무엇 때문인지 요한은 이것이 어둠의 세력을 이기신 창조주의 승리를 가져올 것이라고 말한다. 예수님은 악에 대한 하나님의 심판을 스스로 떠안으실 것이다.

그러고 나서 예수님은 제자들에게 "이 세상의 통치자가 오고 있다"(요 14:30)라고 경고하신다. 어떤 면에서는 로마를 암시하시는 듯하다. 머지않아 본디오 빌라도를 마주하실 테니 말이다. 하지만 빌라도는 불의를 먹고 살고 불의로 번성하는 초인간적 권력의 대변자에 불과하다. 이 세력은 (로마처럼) '정의'를 온 세상에 실현할 것이라고 주장하면서 불의를 구현한다. 요한은 우리에게 이 다툼을 눈여겨보라고 권한다. 이것이 이야기의 모든 복선에 의미를 부여한다. 누구의 정의가 승리할 것인가?

요한은 이야기 전반부를 구성하는 이 시점까지 예수님의 공생애를 요약하면서 이 질문에 답하기 시작한다. 심판이 오고 있다. 세상을 구원하시려는 예수님의 근본적인 의도에는 세상을 망가뜨리는 모든 것을 판결하시는 당연한 귀결이 따른다.

> 어떤 사람이 내 말을 듣고 지키지 않더라도, 나는 그들을 심판하지 않겠다. 그 이유로 내가 온 것이 아니다. 나는 세상을 심판하기 위해서가 아니고 구원하기 위해서 왔다. 누구든 나를 거부하고 내 말을 붙들지 않는 사람은 심판을 받는다. 내가 한 말이 마지막 날에

그들을 심판할 것이다.

나는 나 자신의 권위로 말하지 않았다. 나를 보내신 아버지께서 내가 말하고 전해야 할 것을 친히 명령하셨다. 나는 그분의 명령이 오는 시대의 생명인 줄 안다. 그래서 내가 말하는 것은 바로 아버지께서 내게 전하라고 말씀해 주신 것이다(요 12:47-50).

요한복음을 읽는 사람들 대부분이 이런 단락은 그냥 넘어가지 않을까 싶다. 자기들이 듣고 싶은 내용이 아니기 때문이다. 사람들은 위로와 평안과 희망을 찾지, '심판'에 대한 음울한 말씀이나 '아버지'와 '아들'의 이상한 분업 같은 것은 원하지 않는다. 하지만 예수님의 이 말씀은 요한복음에 부수적으로 딸린 내용도 아니고, 우연히 실린 내용도 아니다. 이 말씀은 요한복음의 목적에 아주 핵심적인 무언가를 표현한다. 그 내용이 서로 어떻게 묶여 있는지를 우리가 희미하게라도 알아차릴 수 있다면, 이 말씀들이 위로와 평안과 희망에 관해서도 이야기하고 있음을 깨달을 것이다. 궁극적인 악을 처벌하면, 위로도 평안도 희망도 얻을 수 있기 때문이다. 하지만 이 모두는 그런 목적지에 이르기 위해서 밟아야 할 어두운 길이 있다는 사실을 너무나 분명하게 보여 준다.

● 창조와 새 창조

한 번 더 말하지만, 요한복음 같은 책을 읽을 때 힘든 이유는 우리가 기대하는 줄거리와 다르게 전개되기 때문이다. 우리는 심판이 아니라 구원과 영성 생활, 하나님의 사랑 이야기를 기대한다. 그러나 여느 과학 서적이나 역사 서적을 보더라도, 예상과 다른 부분이야말로 우리가 다시 한번 생각해 보아야 할 중요한 실마리인 경우가 많다. 따라서 그 문서가 정말로 말하는 내용에 비추어서 처음 가졌던 기대를 조정할 필요가 있다.

알다시피, 요한복음은 '창조'와 '새 창조'의 이야기다. 요한복음은 창조주 하나님이 선한 세상을 창조하시고, 그 세상이 악과 불의로 망가진 사실에 슬퍼하시며, 그것을 바로잡기로 하신 이야기를 신중하고도 세심하게 들려준다. 하나님은 그런 세상을 정리하시고 정의를 실현하기로 하셨다.

실제로, 요한복음 전체가 그런 결론에 도달한다. 요한복음은 1-12장과 13-20장 이렇게 상반된 두 부분으로 나눌 수 있다. 21장은 주요 부분이 완결되고 나서 나중에 추가된 일종의 후기(인 것 같)다. 이 모두는 요한이 새 창조에 관해 쓰고 있다는 것을 암시한다. 그는 옛 창조를 바로잡고, 그 한가운데서부터 새 창조를 시작하는 것에 관해 기록하고 있다.

너무나 유명하고 웅장한 말씀("처음에 그 말씀이 계셨다")으로 시작하는 요한복음 도입부(요 1:1-18)는 창세기와 출애굽기, 시편과 이사야서를 떠올리게 한다. 창조 세계에 생명을 불어넣으시는 하나님의 말씀이 "우리 가운데 사셨다"(요 1:14), 혹은 "우리 가운데 '장막을 치셨다.'" (여기서 '사셨다'라고 번역한 헬라어 '에스케노센*eskēnōsen*'은 문자적으로 '텐트를 치다' 혹은 '캠프를 설치하다'라는 뜻이다.) 마치 광야의 성막에 하나님의 영광이 임하신 것처럼 말이다(출 40장). 요한은 인간 예수님이 한 분 하나님의 살아 있는 계시라고 주장한다. 그는 '오는 세대'가 현재에 도달하고 있다고 선언한다. (이와 관련하여 자주 사용되는 '영생'이라는 단어는 오늘날 우리에게 잘못된 인상을 준다.) 따라서 예수님은 세상을 다스리던 반창조 세력을 물리치신다. 예수님이 그 일을 이루셨다는 표시는 그분이 죽은 자들 가운데서 다시 사셔서 자신의 육체에 새 창조를 시작하신 때에 나타난다. 이것이 요한이 들려주고 있는 이야기다.

이렇게 해서 요한복음은 악과 불의가 최종 결정권자가 되도록 허용하지 않는 고상한 유대 전통 가운데 자리한다. 고대 유대 저자들은 완전히 포기한 채 "아, 그럼 정의가 없는 거네요"라고 말하는 법이 없다. 그들은 어둠 가운데서도, 창조주가 그분의 세상을 바로잡는 데 여전히 관심이 있으시다고 믿기 위해 계속해서 악전고투한다. 예수님의 다른 첫 제자들과 마찬가지로, 요한도 '이것은 옛적 하나님의 의도가 마침내 어떻게 성취되었는지에 관한 이야기'라고 분명히 밝힌다. 이 이야기는 이런 사건들을 통해 어떻게 정의가 충만한 세상이 탄생했는지 들려준다. 드디어 만사를 바로잡을 가능성이 눈에 보이기 시작한다.

요한이 누구나 창세기 1장을 떠올릴 법한 말씀으로 복음서를 시작하는 이유도 그 때문이다. "처음에…." 창세기 서두는 성경이 '창조'에 대한 '사실'을 전해 주리라고 기대하는 많은 현대인에게 전쟁터가 되어 버렸다. 합리주의의 공격("하나님이 세상에 개입하신다는 구닥다리 같은 내용을 다 믿어서는 안 돼")에 맞설 수 있도록 똑같이 합리주의적인 성경관("내가 보는 성경에는 하나님이 이렇게 하셨다고 나와 있어")을 취하는 것이다. 하지만 그런 접근법은 고대 이스라엘이나 세상의 기원에 대한 온갖 다양한 이론이 난무했던 고대 로마와 그리스, 이집트, 바빌로니아에 있는 누구에게나 눈에 띄었던 핵심을 놓칠 때가 많다. 나머지 이야기들과는 완전히 모순되는 창세기 이야기에 따르면, "매우 선하신 하나님이 매우 선한 세상을 창조하셨다"는 것이 핵심이다.

믿기 어려운가? 일단 계속 읽어 보라. 복잡한 사연이긴 하다. 창세기에서 고대 이스라엘 사람들은 자신들의 큰 이야기(아브라함과 그 후손의 길고 복잡한 이야기)를 들려주기 시작했다. 그리고 본격적인 이야기를 시작하기 전에 그보다 더 큰 이야기, 곧 선하신 하나님이 선한 세상을 만드신 이야기를 서두에 꺼냈다. 그러고 나자 이스라엘 이야기의 핵심은 선하신 하나님과 그분의 선하되 이제는 오염된 세상, 그 세상을 결국에는 바로잡으시려는 하나님의 절대적 의지라는 이야기와 떼려야 뗄 수 없는 관계가 되었다. 실제로, 범죄소설과 조금 비슷해졌다.

● 정의를 가져올 자

하지만 어떻게 그 일이 이루어질 것인가? 예수님은 분명히 하신다.

기독교의 정의 개념이 다른 정의 개념들과 구별되는 점이 있다면, 참여가 필요하다는 것이다. '우리도' 정의를 불러오는 일에 참여한다. 예수님은 자신이 할 일을 마치신 후에, 그분을 따르는 이들에게 성령을 보내셔서 우리의 증언을 통해 새로운 종류의 정의가 태어나게 하실 것이다.

> 그분[성령]이 오시면, 죄와 정의와 심판이라는 이 세 가지 문제에서 세상이 잘못에 빠져 있음을 밝히실 것이다. 죄와 관련해서는, 사람들이 나를 믿지 않기 때문이다! 정의와 관련해서는, 내가 아버지께 가서 너희가 나를 더 이상 보지 못할 것이기 때문이다. 심판과 관련해서는, 이 세상의 통치자가 심판을 받기 때문이다(요 16:8-11).

이런 놀라운 시각을 지닌 예수님은 그분을 따르는 이들이 '세상이 잘못되었다는 것을 증명하게' 하려 하신다. 어떻게 그럴 수 있을까? 그분을 따르면 된다. 그분이 이스라엘에서 하신 역할을 우리도 세상에서 하면 된다. 예수님은 부활하신 후에 "아버지께서 나를 보내셨듯이, 나도 너희를 보낸다"(요 20:21)라고 말씀하셨다. 그분의 백성을 '정의를 가져올 자'로 세상에 보내신다. 다른 종류의 정의가 있고 이미 그 정의가 승리했다는 소식을 가지고 '세상을 분열하는 세력'에 맞설 수 있도록 말이다.

요한은 예수님이 본디오 빌라도 앞에서 받으신 '재판'을 통해 어떻게 정의가 승리했는지를 묘사한다. 그 내용은 18-19장에 길게 나와 있다. '정의'나 '증거'라는 단어는 나오지 않지만, 전체 복음 이야기는 분명히 여기로 향하고 있다. 하나님 나라와 진리와 권력이라는 세 가지 큰 주제가 등장하는데, 이 중에 두 가지는 나중에 자세히 살펴볼 것이다. 일단 정의의 문제를 꺼내면, 누가 책임자인지, 해당 문제의 진실은 무엇인지, 집행할 권력이 있는 사람은 누구인지 같은 주제를 만날 수밖에 없다.

물론 빌라도가 승패를 쥔 것처럼 보이고, 어떻게 보면 실제로 정말 그렇기도 하다. 예수님도 그걸 아시고, 놀랍게도 인간이 세운 정부가 하나님의 세상을 감독하는 것이 창조주의 의도라고 인정하신다. 그러고는 그들은 자신들이 한 일에 책임을 져야 할 것이라고 가장 중요한 말씀을 덧붙이신다(요 19:11). 대제사장들은 빌라도에게 "우리에게는 황제 외에 왕이 없습니다"(요 19:15)라고 대답한다. 빌라도는 예수님 머리 위에 명패를 붙여 조롱하는 의미로 '유대인의 왕'으로 공개적으로 선언한다. 이렇듯 요한복음 전체의 수많은 아이러니가 하나둘씩 쌓인다.

이런 각도에서 본 이야기의 전반적인 요점은 예수님의 십자가 처형에서 우리가 아는 세상을 볼 수 있다는 것이다. "모든 사람이 정의를 원하지만, 정의가 실현되지는 않는 세상." 불의가 이기는 세상, 힘센 사람들이 자기 마음대로 하고도 처벌을 피해 가는 세상. 우리가 사는 세상. 다른 종류의 정의를 선포하고 구현하기 위해 성육신하신 말씀이 오신 세상. 그 정의는 '회복적'(분명하게 드러날 여러 가지 이유에서) 정의다. 진정한 악의 근원, 곧 유다의 배신과 대제사장들의 음모와 로마 총독의 냉소주의 배후에 있는 어둠의 세력을 확인하고 최악의 짓을 저지르도록 내버려 두었다가 압도하여 그 힘을 빼앗는 정의다.

● 부활하신 정의

이 모든 것은 부활에 달려 있다. 복음 이야기 내내 어느 누가 상상한 것보다 훨씬 더 깊은 정의에 대한 암시가 흐르다가 드디어 20장에 와서 요한은 그것을 드러낸다. 정의는 다름 아닌 '회복된 창조 세계'다. 만물이 제자리로 회복되는 것이다. 그런데 이제는 알 수 있듯이, 정의는 그보다 훨씬 더 나아간다. 정의란, 창조 세계가 '처음에 창조 세계를 위해 만들어진 새로운 장소에 마침내 도달하는 것'이다.

부활은 우리를 에덴동산으로 돌려보내지 않는다. 물론, 예수님이 동산에서 막달라 마리아를 만나신 사건은 에덴동산을 희미하게나마 떠올리게 하지만 말이다. 부활은 전혀 새로운 세상을 소개해준다. 더는 죽음이 없는 세상. 새로운 종류의 정의가 우리를 번번이 실망시키는 오래된 정의들을 물리치고 승리하는 세상. 예수님을 따르는 사람들이 성령의 부름을 받아 새 창조의 백성, 정의의 백성, 불의가 여전히 지배하는 세상에 희망을 주는 백성으로 훈련되는 세상.

요한복음에서 이 새 창조는 예수님이 오셔서 성취되지만, 그분이 죽고 '들려 올라가셔서' 결정적으로 성취된다. 요한복음 12장 32절과 그보다 앞서 3장 14절에 나오는 '들리다'라는 단어는 이사야 52장 13절을 의도적으로 상기시킨다. 이사야서는 52장 이후에서 분명히 보여 주듯이, "종이" 잔인하고 부당한 죽음의 희생자가 되셔서 "높이 들려서 지극히 존귀하게 되리라"(개역개정)라고 말한다. 그렇다면 이스라엘의 성경과 반어법에 통달했던 요한은 십자가 처형과 하나님의 영광이 드러나는 것을 의도적으로 연결한 셈이다.

성경 전체에서 그렇듯, 요한도 어둠의 권세를 물리치신 하나님의 승리가 실제 정치 권력과 폭력을 통해 드러나는 것을 본다. 이사야 52장 13절부터 53장 12절에서처럼, 요한은 예수님의 죽음을 그 권세가 패한 순간과 수단으로 본다. 따라서 새 창조의 시작인 부활에서, 새로운 종류의 권력이 세상에 나타난다. 요한복음은 특히 '부록'인 21장에서, 미래를 내다보면서 밖을 향하는 시선으로 끝을 맺는다. 요한은 이것이 이야기의 끝이 아니라 훨씬 더 큰 이야기의 전환점이라고 말한다. 독자인 우리에게 이 이야기를 믿고 스스로 이 이야기의 일부가 되라고 요청한다.

요한복음의 예수님은 궁극적인 불의를 온몸으로 겪으시면서, 모든 인간이 느끼는 정의를 향한 열정(우리 마음대로 그것을 왜곡하기는 하지만)은 비록 낡고 망가졌다 하더라도 늘 하나님의 본성을 가리키는 진정한 이정표였다고 선언하신다. 부활과 함께 그 이정표는 마침내 바로잡혔다. 부활하신 예수님은 불의를 이기고 승리하셔서, 이제 그 제자들을 보내사 새 창조의 다양한 작업을 실행하게 하신다. 회복하고 치유하며 생명을 주는 정의야말로 그 과제의 핵심이다.

요한복음은 기독교 문서뿐 아니라 다른 모든 문헌 가운데서도 독특하다. 이 책을 이해하는 가장 좋은 방법은 무엇일까?

음식에 비유해서 잠깐 생각해 보자. 요한복음에는 영양가 있는 식사에 필요한 모든 재료가 다 들어 있다. 시간이 있는 사람(정말 원하기만 한다면, 대부분의 사람에게 시간은 충분하다)은 제대로 자리를 잡고 앉아서 밥과 반찬을 골고루 꼭꼭 씹어 규칙적으로 섭취해야 한다. 두어 시간 걸려야 정상이다. 시간을 들여 제대로 맛을 봐야 한다. 전반적인 흐름과 갑작스럽게 끼어든 풍미, 풍부한 영양가와 각별한 즐거움까지 충분히 느끼면서 말이다. 거기에는 항상 무언가가 더 있다. 더 깊은 내용, 더 미묘한 의미, 약속을 주는 암시가 더 있기 마련이다.

마찬가지로, 길고 한가로운 독서 사이사이에, 요한복음은 (이런 표현이 가능하다면) 주전부리로도 훌륭한 책이다. 나는 성경을 아무데나 펴서 읽는 것을 좋아하지는 않지만, 가끔은 깜짝 놀랄 결과가 나오기도 한다. 그런데 성경 전체에서 요한복음(을 제외하고 내가 생각할 수 있는 다른 예는 시편이 유일한 것 같다)은 그렇게 접근해서도 얻는 게 꽤 있다. 물론, 시간과 기회가 있을 때 당신을 기다리고 있는 제대로 된 식사가 있다는 사실도 알려 주면서 말이다.

신약 성경을 언뜻 보기만 해도, 요한복음이 나머지 세 책인 마태복음, 마가복음, 누가복음과 매우 다르다는 것을 알 수 있다. 나머지 세 복음서는 일정한 양식을 따라서 예수님의 공생애와 돌아가시기 전에 예루살렘에 도착하신 일을 묘사한다. 요한복음의 예수님은 그 기간에 갈릴리와 예루살렘을 계속 왔다 갔다 하신다. 마태와 누가는 예수님의 탄생을 자세히 이야기했고, 요한은 마가처럼 아무 이야기도 하지 않는다. 산상수훈과 선한 사마리아인의 비유처럼 나머지 복음서에서 크게 사랑받는 본문이 요한복음에는 나오지 않는다. 물론 포도주를 만드신 사건과 니고데모와의 대화처럼 요한복음에서 가장 눈에 띄는 순간 중에는 요한복음에만 등장하는 경우가 있다. 요한복음에서 예수님은 장황하게 말씀하시는 경우가 종종 있는데, 다른 복음서에 나오는 짧고 함축적인 말씀들과는 사뭇 다를뿐더러, 산상수훈처럼 특히 마태복음에 나오는 한두 개의 긴 연설과도 형식과 내용이 많이 다르다.

학자들은 사복음서가 (관계가 있다면) 어떤 관계인지 오랫동안 궁금해했다. 사람들은 요한복음이 가장 후대에 쓰였다고 생각했다. 예수님이 어떤 분이신지에 대해 가장 정제된 관점("육체가 되신 말씀", 곧 이스라엘의 한 분 하나님과 같으면서도 살아 있는 인간이신 분)을 요한복음이 제공한다고 보았기 때문이다. 그러나 세 복음서에 관한 최신 연구는 나머지 책들도 이 점을 비롯하여 다른 많은 점에서 요한복음에 강력하게 동의하는 것을 보여 준다. 동일한 강조점을 표현하는 방식이 다를 뿐이다. 사실 우리는 요한복음이 나머지 세 책과 철저하게 구별된 독자적인 책인지, 그중 두어 책을 잘 알고 있었던 요한이 자기 나름의 방식으로 자료들을 정리한 것인지 여전히 알지 못한다.

마찬가지로, 네 복음서가 기록된 연대도 확실히 알지 못한다. 네 책 모두 60년대나 그 이전에 기록되었을 수도 있고, 그로부터 10-20년 후에 기록되었을 수도 있다. 요한복음이 90년대에 쓰였다고 주장하는 사람도 있지만, 내가 생각하기에는 지나친 듯하다. 그러나 통상적인 가정과 달리, 연대가 조금 '빠르거나 늦다'는 점은 그 책들의 역사적 신빙성과는 별 상관이 없다. 강력한 구전 문화에서 사람들은 비범한 인물들의 비범한 사건들에 대한 기억을 계속해서 들려준다. 그런 이야기들을 기억한다. 그러므로 열린 사고와 마음으로 성경을 읽으면서 사복음서 각 책이 길든 짧든 우리에게 영향을 미치게 하는 것이 지혜로운 길이다.

2장 사랑

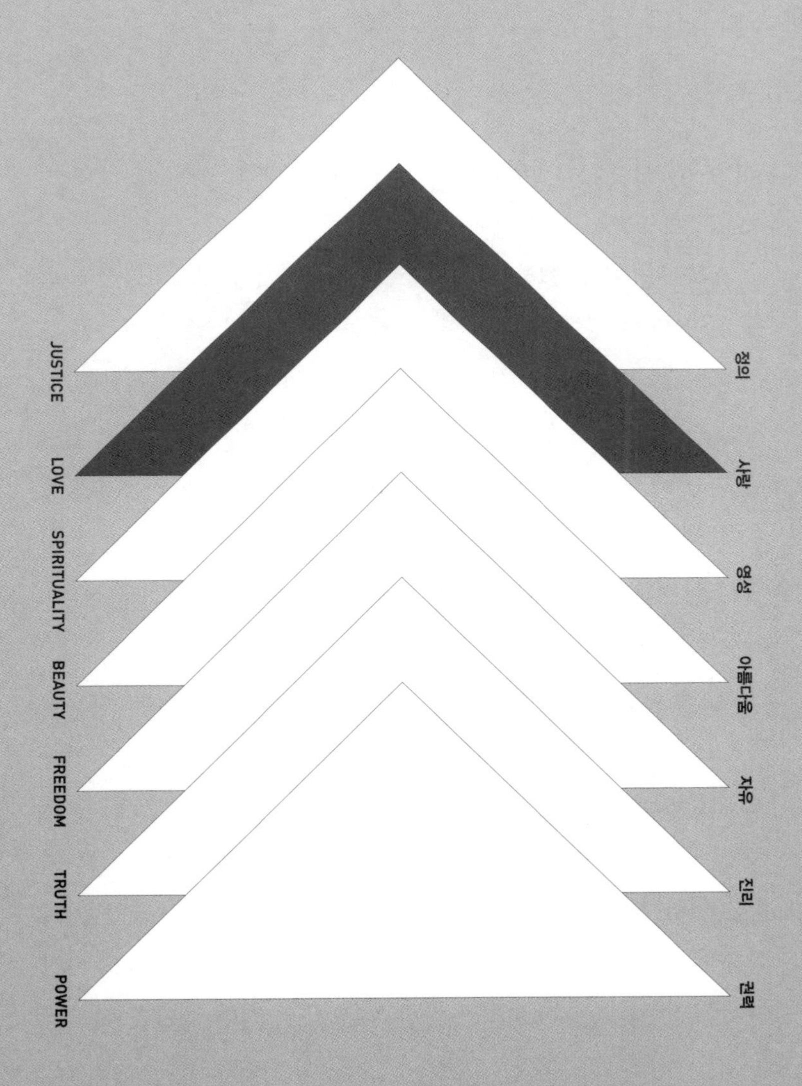

JUSTICE
LOVE
SPIRITUALITY
BEAUTY
FREEDOM
TRUTH
POWER
정의
사랑
영성
아름다움
자유
진리
권력

'정의'라는 말에서 냉정함과 위협이 느껴진다면, '사랑'은 항상 따뜻하고 환영받는 느낌이다.

앞에서 이야기했듯이, 사람은 누구나 정의가 필요하다는 사실을 잘 안다. 세상에 정의가 필요하다는 사실도 잘 안다. 잘못된 일은 바로잡아야 하고, 그렇게 정의가 실현될 때 우리는 기뻐한다. 하지만 정의는 어쩔 수 없이 인간미가 없다. 손에 저울을 들고 안대로 눈을 가린 정의의 여신상을 생각해 보라. 판결하는 상대를 볼 수 없기에 시시비비를 철저하게 가릴 수 있다. 우리는 정의를 원하지만, 안대로 눈을 가린 세상에서 영원히 살고 싶어 하지는 않는다. 사람들은 사랑을 원한다.

영어에는 사랑을 의미하는 단어가 'love' 하나뿐이다. 사랑을 뜻하는 단어가 최소한 네 가지가 있어서 성적인 사랑, 장소나 사물에 대한 애정, 인간의 우정, 자신을 희생하는 사랑 등을 구분한 헬라어와는 대조적이다. 초기 그리스도인들은 희생적인 사랑을 뜻하는 일반 용어 '아가페*agapē*'를 가져다가 거기에 새롭고 특별한 의미를 부여했다. 윤리나 덕에 대해 영어로 글을 쓰는 사람들은 이런 언어학적 어려움을 토로하곤 한다. 나도 그런 적이 있었다. 하지만 이 모든 의미를 포괄하는 '사랑'이라는 한 단어를 곰곰이 생각해 보는 것도 여전히 중요하다.

'사랑'은 그 미묘한 의미가 무엇이든, '관계'에 대한 단어다. 나에게서 빠져나와, 어떤 장단기 목적이나 영향이 있든, 어떤 방식으로든, 다른 사람이나 사물을 향한다. '내'가 무언가와 '관계를 맺을' 때 좀 더 온전한 '내'가 되는 것을 깨닫는다. 혹여 잠시뿐일지라도 그 관계는 산이나 말, 일몰, 아이, 연인, 말, 환자, 동료, 이웃일 수 있다. '사랑'은 사람들이 "나는 나보다 더 큰 무언가의 일부여야 한다"라고 직감한다는 사실을 암시하는 용어다. 집에 돌아온 느낌을 주는 무언가, 온기와 안정감, 의미와 기쁨, 안도의 한숨을 찾을 수 있는 무언가 말이다. 그건 괜찮다. 무언가의 존재를 잊는 것보다는 막연하게나마 그쪽을 보고 손을 흔드는 편이 더 낫다.

현대 서양인들의 문제는 그 존재를 대체로 잊어버렸다는 것이다. 물론, 아예 완전히 잊지는 않았다. 현대 소설에는 사람 사이의 사랑을 성과 결혼과 (확실히) 관련하여, 또한 가족, 마을, 기업, 학교를 비롯한 더 큰 공동체와 관련하여 그 다양한 층위와 역동성을 섬세하게 탐색하는 내용이 들어 있다. 문학 작품은 그런 관계를 끊임없이 탐색하고 해체하고 재구성한다. 연극과 시도 마찬가지다. 얼마 전에 적당한 인용구를 찾느라 두꺼운 시선집을 훑어보다가 사랑의 수수께끼와 역설에서부터 탄생한 시가 얼마나 많은지 새삼 놀랐던 기억이 있다. 이 점은 나중에 다시 다룰 것이다.

내 요점은 또 다른 차원에서 우리는 사랑을 핵심 동력보다는 크게 중요하지 않은 부차적 취미로 여기고, 공동체와 개인의 삶을 정비하고 살아가려고 애썼다는 것이다. 이것은 잘 알려진 현대 신화의 주제다. 파우스트 이야기를 유명하게 만든 작가가 여럿 있는데, 그중에서도 특히 독일 시인 요한 볼프강 폰 괴테Johann Wolfgang von Goethe와 소설가 토마스 만Thomas Mann을 꼽을 수 있다. 이야기는 파우스트가 악마와 맺은 약속을 중심으로 전개된다. 그는 권력과 특권, 명성과 부 등 갖고 싶은 것은 무엇이든 무제한으로 소유할 수 있다. 하지만 이 모든 것을 누리고 나면, 악마가 그의 영혼을 가져간다. 그런데 조건이 하나 더 있는데, "사랑에 빠져서는 안 된다"는 것이었다. 이 이야기는 우리 시대에 대한 일종의 해설이다.

그래서 사랑은 다른 방식으로, 때로는 파괴적인 방식으로 반격을 가하곤 한다. '조국에 대한 사랑'은 끔찍한 국가 숭배와 그에 따른 폭력으로 왜곡되었다. 어떤 취미나 기술을 좋아하는 것은 지나친 집착이 되기도 한다. '사랑에 빠지는 행위'는 양쪽이나 어느 한쪽이 평생에 걸친 약속을 했더라도 약속을 깨고 가정을 파탄 내는 일을 정당화하는 경우가 비일비재하다. 사랑은 도덕적인 성품과 판단력이 서서히 망가지는 결과를 불러오기도 한다. 그런 모습은 더 험악하지만, 처음에는 눈에 잘 띄지 않는다. 삶의 다른 측면들에서 사랑을 분리하고 나면, 그것은 부적절한 방식으로 더욱 강력하게 돌아온다.

인간답게 살려면 모든 차원에서 관계가 필요하다. 이사와 이직이 잦아서 정착이 어려운 요즘 같은 사회에서(나도 평생 그렇게 살았다)

사람들은 수많은 이별과 처음부터 관계를 다시 세워야 하는 어려움을 끊임없이 겪는다. 다른 사람을 접촉하지 않고도 잘 살아남은 사람들의 이야기를 간간이 듣기도 한다. 극단으로 흐르면, 그런 상태는 질병으로 보이기도 한다. 진짜 사람과의 만남을 대체하는 전자기기와 핸드폰 등이 개인과 사회의 문제로 대두하고 있지만, 어떻게 대처해야 할지 아는 사람은 아무도 없는 것 같다.

내가 보기에 모든 사람은 이런 사실을 뼛속부터 알고 있다. 뭔가 잘못되었다고 느낀다. '진정한 사랑'을 찾고 싶어 한다. 이상적인 로맨스라는 하찮은 의미에서가 아니라, 견고하고 지속적이며 안정적이고 끊임없이 생명을 주는 그런 의미의 사랑 말이다. 그래서 요즘처럼 냉소적인 세상에서도 사람들은 결혼식을 원한다. 깨진 꿈으로 가득한 세상에서 한 줄기 희망을 불러일으켜 주는 듯하기 때문이다. 이런 현실은 결혼식 자체보다 훨씬 더 큰 무언가를 가리킨다. 여기에 중요한 역설이 있다. '이' 두 개인을 '이토록' 도전적이고 쉽지 않은 헌신의 관계로 묶어 주는 깊은 사랑은 어쨌거나 '두 사람만의 이야기'가 아니다. 우리 모두와 관계가 있다. 온 세상과 관계가 있다. (요한이 말한 대로) 하나님과 이 세상에 관한 이야기다. 예수님에 관한 이야기다.

이 점에 대해서는 잠시 후에 다시 살펴보려 한다. 하지만 우선 사랑의 도전과 문제를 요약하자면, 정의를 이야기할 때와 똑같은 점을 발견한다. 사랑이 중요하다는 것은 다 안다. 편한 의자나 좋은 신발 같은 게 중요하다는 의미에서가 아니라, 오염된 세상에서 깨끗한 물과 공기가 중요하다는 의미에서 말이다. 하지만 사랑은 어렵다. 우리는 정말로 사랑하는 사람들에게 상처를 준다. 우리 감정은 전혀 의도하지 않았던 곳으로 흘러간다. 집착에 빠진다. 꽉 붙잡아야 할 것에는 등을 돌리고, 끊어 버려야 할 것에 매달린다. 게다가 우리가 '사랑하는' 대상, 곧 우정과 갈망과 취향과 취미에서 건강한 균형을 잡았을 때조차도 얼마 못 가서 망가지고 만다. 우리가 사랑하던 누군가를 잃거나, 그들이 사랑하던 우리를 잃는다. 현실의 끔찍한 민낯을 들여다보는 가장 암울한 시편이 표현하듯이, "오직 어둠만이 나의 친구"(시 88:18)다.

이 모든 망가진 관계에도 불구하고, 어렴풋하게나마 희망을 엿볼 수 있다. 깊이 있고 지속적이며 진정한 사랑이 존재하고, 우리가 그 일부가 될 수 있다는 희망 말이다. 이것은 기독교 신앙을 표현하는 한 가지 방식이며, 요한복음은 그중에서도 정확히 이를 표현하는 가장 진정성 있는 진술이다. 요한복음에 펼쳐진 잊을 수 없는 이야기 가운데서 우리는 창조주 하나님이 그분의 사랑을 행동으로 나타내시려고 어디까지 가시는지, 얼마나 큰 희생을 하시는지 볼 수 있다. 그리고 그 배후에서 우리는 한 번 더 놀라운 가능성을 깨닫는다. 중요한 의미에서, 하나님조차 '관계 가운데' 존재하신다는 사실이다. 하나님의 '행위'뿐 아니라 그분의 '존재' 핵심에 사랑이 있다.

● 극한까지

요한복음을 볼 때, 교회에 가 본 사람이라면 누구라도 요한이 사랑에 관해 이야기한다는 사실을 잘 알 것이다. "하나님께서 세상을 얼마나 사랑하셨는지, 자신의 하나뿐인 각별한 아들을 주셔서." 주일학교에서 성경을 배운 수많은 사람이 잘 알듯이, 그 유명한 요한복음 3장 16절이다. 하지만 요한이 사랑에 '관해 이야기한다'라고 말하는 데서 그친다면, 수박 겉핥기인 셈이다. 요한복음은 크신 사랑 이야기, 시대를 초월한 '유일한' 사랑 이야기다. 요한은 복음서의 가장 핵심에 사랑을 배치한다. 거기에서부터 그 앞뒤 내용이 모두 뻗어 나온다.

> 유월절 전이었다. 예수께서 자기의 때, 곧 이 세상을 떠나 아버지께 갈 때가 왔음을 아셨다. 예수께서는 세상에 있는 자기 사람들을 항상 사랑하시되, 이제 **끝까지** 사랑하셨다(요 13:1).

나는 '끝까지'라는 표현이 마음에 든다. '에이스 텔로스*eis telos*'라는 헬라어 표현이 훨씬 더 명확한데, '결승점까지', '극한까지'라는 뜻이다. 단지 시간의 길이만이 아니라("그분은 그들을 사랑하는 일을 멈추지 않으셨다"), 행동의 질을 이야기한다. 사랑이 할 수 있는 일 중에 사랑이 하지 않은 일, 예수님이 하시지 않은 일은 없었다. 조금 뒤에 예수님은 이렇게 말씀하신다. "어느 누구도 친구를 위해 목숨을 내놓는 것보다 더 큰 사랑을 할 수 없다. 내가 너희에게 이른 대로 행하면 '너희는 내 친구들'이다"(요 15:13-14). 따라서 13장 1절의 그 문장은 유다의 배신, 베드로의 부인, 예수님의 체포, 조롱, 재판, 갈보리의 잔혹함 등 앞으로 나올 모든 내용의 표제 역할을 한다. 바울이 자신의 가장 열정적인 편지에서 아마도 가장 감동적인 순간이라고 할 만한 대목에서 "나를 사랑하여 나를 위해 자신을 내주신 하나님의 아들"(갈 2:20)이라고 썼을 때 그는 똑같은 요점을 요약하고 있었다. 13장부터 끝까지 이어지는 요한의 전체 이야기를 모든 것을 희생하는 단순하고 유일한 사랑의 행위로 읽어 보라.

그러고 나서 요한복음 전반부로 돌아가 보자. "세상에 있는 자기 사람들을 항상 사랑하시되, 이제 끝까지 사랑하셨다"(요 13:1). 말하자면, 요한은 이렇게 말하고 있다. "여러분이 혹시 놓쳤을까 봐 말씀드리자면, 내가 지금까지 들려준 전체 이야기는 사랑을 온몸으로 살아 낸 한 사람의 이야기입니다." 예수님이 니고데모를 만나 다시 태어나야 한다고 말씀하신 것은 '사랑'의 행위다. 예수님은 사마리아 여자에게 물을 달라고 하셨을 뿐 아니라 대화를 나누신다. 그러면서 이것이 유혹하는 행동이 아니라 그보다 더 큰 사랑의 행위임을 깨닫게 하실 정도로 여자를 놀라게 하신다. 이스라엘의 메시아가 추악한 분열을 넘어서서 증오의 대상인 '타인'에게까지 다가오고 계신 것, 이것은 '사랑'의 행위다. 예수님이 병자를 고치시고 굶주린 군중을 먹이신 것은 더 확실한 사랑의 행위다. 예수님이 7장, 8장, 9장에서 화가 난 상대에게 어려운 말씀을 쏟아 내신 것도 어쩌면 사랑에서 비롯된 행위일지 모른다. 사랑이 "자기 소유에 오셨지만, 그분의 백성은 그분을 맞이하지 않았"(요 1:11)을 때 그런 일이 벌어진다.

사랑은 그다음에 11장에서, 처음에는 그렇게 보이지 않지만, 강력한 힘을 발휘한다. 요한은 예수님이 마르다와 마리아와 나사로를 사랑하셨다고 말한다. 그런데 나사로가 큰 병에 걸렸다는 소식을 들으시고 "일단 계시던 곳에 이틀을 머무셨다"(요 11:6). 나중에 나사로의 동생들은 이를 두고 예수님께 불만을 토로한다. "주님이 여기 계셨더라면, 제 오빠는 죽지 않았을 것입니다!"(요 11:21, 32)

그런데 깜짝 놀랄 만한 일이 벌어진다. 요한은 훌륭하고 섬세한 작가답게 이런 식으로 이야기를 구성함으로써 나사로를 다시 살리신 일화 전체가 놀라운 사랑의 행위임을 분명히 보여 준다. 이 사건은 예수님이 친히 죽은 자들 가운데서 다시 일어나실, 가장 큰 사랑의 행위를 암시하고 가리킨다. 예수님이 나사로의 무덤 앞에서 흘리신 통한의 눈물(요 11:35)과 돌을 치우고 나사로에게 나오라고 하신 당당한 명령은 십자가 처형과 부활을 미리 보여 주는 행동이다. 요한은 "사랑이 실제 행동으로 나타날 때의 모습이 바로 이렇다"고 말하고 있다. 그 모습은 늘 놀랍고, 창의적이며, 그에 미치지 못하는 우리의 상상과는 전혀 딴판이다.

물론 여기에는 더 많은 함의가 있는데(요한복음은 늘 그렇다), 그 점은 잠시 후에 다시 살펴볼 것이다. 하지만 이 모두가 무슨 뜻인지 알기 위해서는 요한복음 전체 내용을 염두에 둘 필요가 있다.

우리는 예수님의 이야기에서, 그보다 무한대로 더 큰 우주적 차원에서 펼쳐지고 있는 일들을 아주 가까이서 직접적으로 볼 수 있다. "하나님은 그분이 창조하신 세상을 이처럼 사랑하신다."

그렇다면 요한복음 3장 16절은 요한복음 전체와 온 세상에 적용된다. 이 말씀은 우리가 창조의 전체 드라마를 이런 관점에서 보도록 초청한다. 행성과 산, 광활한 우주 공간, 세상에서 가장 작은 생명체, 난민, 아픈 아이, 남편을 잃고 슬퍼하는 아내, 불안정하고 오만한 유력 인사, 그리고 이 모든 것을 만드시고 사랑하시고 그들의 어리석음과 악함과 슬픔을 애통해하시는 창조주 하나님. 마치 눈부신 레이저 광선이 육체가 되신 말씀이신 한 사람 예수님의 이야기에만 집중되듯이, 요한은 우리가 이 전체 이야기를 그렇게 보기를 원한다. 그 육체가 손을 뻗어 아픈 사람들을 어루만지셨고, 로마 십자가에 못 박히셨다.

요한은 예수님 이야기를 거대한 신학 균형 잡기로 보라고 우리에게 요청하고 있다. 이집트의 대형 피라미드를 떠올려 보라. 가까이 다가가서 보면, 피라미드는 그냥 큰 정도가 아니라 엄청나게 크다. 아주 견고하고 광대하게 위로 솟구쳐 있다. 돌 하나의 무게가 2톤이 넘고 가장 큰 피라미드는 2백만 개가 넘는 돌로 되어 있어서 총 무게가 거의 600톤에 달한다. 이제, 어떤 거인이 이 피라미드를 하나 들어서 뒤집어 놓았다고 생각해 보라. 그러면 이 무시무시한 무게가 한 점에 쏠리게 된다.

요한복음 내용이 그렇다. 물리적 우주에서부터 가장 작은 피조물까지, 그리고 그 중간에 있는 취약하고 혼란스럽고 죄 많고 슬퍼하는 인간을 포함한 온 창조 세계라는 피라미드가 이 한 이야기, 이 한 사람 위에 균형을 잡고 있다. 창조주의 사랑이 행동으로 나타날 때 모습이 바로 이렇다. 궁극적인 인간이신 예수님, 취약하고 슬퍼하나 균형 잡힌 그분이 친히 창조주의 사랑의 화신으로 자신을 내주신다.

● 삼위일체

예수님이 창조주의 사랑을 '구현하신다'라는 말씀은 '성육신'을 가리킨다. '성육신incarnation'은 '구현embodiment'이라는 단어와 뜻이 같은 라틴어 기반의 단어다. 하지만 성육신은 요한이 처음부터 우리를 신학자들이 삼위일체라고 이름 붙인, 광대하고 심오한 수수께끼에 내던지고 있음을 의미한다. 이 교리와 용어의 문제점은 이것이 초대하기보다는 도전하고, 환영하기보다는 혼란을 주며, 마음을 변화시키기보다는 뇌에 장난을 치듯이 다가오는 경우가 많다는 것이다.

그래서 어떤 사람들은 삼위일체가 신약 성경에는 나오지 않고 예수님의 사후 300-400년 후에 똑똑한 철학자들이 만들어 낸 후대의 개념이라고 제안했는지도 모른다. 하지만 그런 생각은 '삼위일체'라는 단어와 그와 연관된 전문 용어(위격, 실재, 본성 같은)가 나중에 나타났다는 사실이 불러온 오해다. 사실, 이 후대의 단어들이 표현하려 했던 실재는 초기 기독교의 생활과 사상과 기도의 구조에 깊고도 단단하게 엮여 있다. 요한복음이 그 확실한 예를 제공하지만, 이 책 말고 다른 예도 많다.

사람들은 여러 비유로 삼위일체 교리의 원리를 설명하려 했다. 그런 비유들은 완벽한 설명은 아니지만, 제대로 된 방향을 제시해 줄 수도 있다. 예를 들어, 높은 산에 빗물이 모여 큰 호수가 생겼다고 해 보자. 호수 가장자리 갈라진 바위 틈 사이로 물살이 세게 흘러 들어가서 절벽으로 떨어져 수백 미터 아래 바위에 부딪힌다. 사방으로 흩어진 물살은 여러 줄기로 갈라져 계속 흘러가서 넓은 평야를 적시고, 마침내 바다로 돌아온다. 예수님은 폭포이시고, 성령님은 거기서 갈라져 나온 시내이시다. 성부 하나님은 그 근원인 호수이시요, 모든 물이 흘러 들어가는 바다이시다. 이 모든 과정에서 물은 똑같은 물이다.

이런 설명은 완벽하지 않다. 하지만 이미 말했듯이, 어떤 비유도 완벽하지 않다(요한이 하나님의 넘쳐 나는 사랑을 물의 이미지로 표현하기는 하지만). 거기에는 그럴 만한 이유가 있다. 기독교 사상에서 예수님은 무언가, 곧 순수하거나 추상적인 어떤 '원리'의 예시가 아니시기 때문이다. 예수님이 친히 그 핵심 실재이시다. 모든 이론과 원리는 그분과 관련된 의미에서 의미를 지니게 된다. 그래서 복음이 중요하다. 우리는 먼저 하나님이 어떤 분인지 이해하고 나서 그 그림에 예수님을 끼워 맞출 수 없다. 그 반대로 해야 한다. 따라서 예수님의 이야기를 하고 반복해서 함(과 성령님의 능력으로 그 이야기 안에 살아감)으로써 내부에서부터 그 전체 이야기를 이해할 수 있다. 그렇게 할 때 우리는 (표면적인 차원에서만 이야기할 때는 이해할 수 없지만) 반복해서 핵심으로 돌아가게 된다. 그 핵심이란 곧 유일하신 하나님, 온 세상의 창조주, 모든 것의 근원이요 목표이신 분이다.

삼위일체라는 용어조차도 우리를 그 핵심에 닿게 하지는 못한다. 핵심은 (이것이 이번 장에서 내가 이를 강조하는 이유다) 예수님을 따르는 사람들은 늘 하나님을 인격적인 '사랑'으로 인식하고 이해했다는 것이다. 현대인들이 이 점을 이해하기 힘든 것은 당연하다. 냉철한 논리적 분석만 사용하길 원하는 요즘 사람들은 '사랑'을 단순한 감상주의로 격하하고 무시하기 쉽기 때문이다.

사랑은 최상의 모습(건강한 가정과 공동체 가운데서 발견할 수 있는 풍부하고 다각적인 상호 기쁨)일 때 늘 활동적이다. 어떤 사람에게는 환영을, 어떤 사람에게는 위로를, 어떤 사람에게는 격려를, 어떤 사람에게는 마음을 사로잡는 질문을 던져 주면서 사람과 사람 사이를 오간다. 우리는 다른 사람들의 사랑을 받을 때 있는 그대로의 모습, 우리가 되어야 할 가장 본연의 모습이 된다. 이 사랑은 정의상 절대 거래가 아니다. 이미 베풀었거나 약속된 봉사에 값을 치르는 것이 아니다. 이 사랑은 항상 선물이다. 하나님을 삼위일체라고 말할 때의 진정한 의미가 바로 이것이다.

앞에서도 말했듯이, 하나님이 사랑하신다는 사실이 전부가 아니다. 마치 하나님이 하신 많은 일 가운데 한 가지가 사랑이기라도 한 듯이 말이다. 우리가 예수님과 성령님을 통해 아는 하나님은

'사랑' 그 자체이시다. 항상 성령을 통해, 항상 성부와 성자 사이로 흘러가는 사랑이시다. 이 하나님은 항상 세상 속으로, 사람들의 마음과 삶 속으로 흘러 들어가는 창조주요 창조 세계의 치유자이시기 때문이다. '삼위일체'라는 용어는 이 흘러넘치는 영광스러운 실재를 떠올리게 한다. 오늘날 대부분의 사람이 그런 의미를 떠올리지 못한다는 사실이 이 시대의 비극이다. 요한복음은 이 비극을 바로잡기 위해 계속해서 진행될 것이다.

- 성육신하신 사랑

예수님이 하나님의 사랑을 구현하신다고 말할 때 요한이 뜻한 바를 제대로 알고 싶다면, 성전이라는 주제를 그가 어떻게 다루는지 생각해 보는 것이 가장 좋다. 그리고 그 점을 이해하려면, 이스라엘 백성의 기억과 성경에서 성전이 어떤 중요성을 띠는지를 이해해야 한다.

요한복음에서 성전이 등장하는 가장 극적인 장면에서부터 시작해 보자. 2장 13-25절에서 예루살렘 성전에 들어가신 예수님은 동물들을 내쫓고 돈 바꾸는 사람들의 상을 엎으면서 제사 제도를 방해하신다. 예수님이 말씀하신 대로 동물을 팔고 돈 바꾸는 사람들이 아버지의 집을 장사하는 집으로 만든 것도 맞지만(요 2:16), 그것이 핵심은 아니었다. 핵심은 이제 성전이 하나님의 심판 아래 있고, 다른 것으로 대체되리라는 점이었다. 이는 500여 년 전 예레미야 시대에도 해당했는데, 예수님은 예레미야의 경고와 약속을 반복하고 계신다. 하지만 이번에는 벽돌과 회반죽으로 지은 건물이 아니라, 한 인간이 예루살렘 성전을 대체할 것이다.

> 예수께서 대답하셨다. "이 성전을 허물라. 그러면 내가 사흘 안에 세우겠다."
>
> 유대 사람들이 대답했다. "이 성전을 짓는 데 사십육 년이나 걸렸소. 그런데 당신이 사흘 안에 세우겠다는 말이오?"
>
> 그러나 예수께서는 자신의 몸인 '성전'을 두고 말씀하신 것이었다. 그래서 예수께서 죽은 사람들 가운데서 일으켜지신 뒤에, 제자들은 예수의 이 말씀을 기억하고 성경과 예수께서 하신 말씀을 믿었다(요 2:19-22).

"예수께서는 자신의 몸인 '성전'을 두고 말씀하신 것이었다." 여기에 요한복음뿐 아니라 복음 전체의 의미에 대한 핵심 단서가 있다. 예수님이 진정한 성전이시다. 그분이야말로 살아 계신 창조주 하나님이 오셔서 그 백성 가운데, 창조 세계의 중심에 사실 궁극적인 장소이시다. 예수님은 진정한 하나님의 살아 계신 실존을 구현하신다. 하나님의 사랑이 그분 안에서 육화하실 것이다.

많은 현대 그리스도인은 이것이 왜 그렇게 중요한지 이해하지 못한다. 많은 사람이 하나님을 예배하기 위해 굳이 건물이 필요하지 않다는 생각에 익숙해졌다. 그 말은 맞다. 하지만 구약 성경 내

내 하나님이 주신 궁극적인 약속은 그분이 자기 백성을 현재의 창조 세계에서 꺼내셔서 다른 어딘가에서 그분과 함께 살게 하시리라는 것이 아니었다. 오히려 "그분이 오셔서 그들과 함께 사신다"고 약속하셨다. 이것이 거룩한 사랑의 모습이다.

하나님 백성의 기초를 이루는 이야기를 다시 떠올려 보자. 모세는 바로에게 이스라엘 백성이 광야에서 하나님을 예배할 수 있도록 이집트 노예 생활에서 해방해 달라고 요구했다. 이스라엘의 하나님은 그들이 우상과 우상 숭배하는 사람들에게 둘러싸여 이방 땅에 사는 동안에는 그들 가운데 오셔서 거주하실 수 없었다. 출애굽 이야기의 절정은 홍해를 건넌 일도, 십계명을 받은 일도 아니다. 성막이 완성되고(금송아지를 만든 죄 때문에 거의 무산될 뻔했지만!) 하나님의 영광이 그 가운데 임재하신 일이다(출 40장).

열왕기상 8장은 솔로몬이 예루살렘 성전을 봉헌하고 하나님의 영광이 거기에 임재하실 때 과거의 그 순간을 한 번 더 이야기한다. 그다음에 바빌로니아 사람들이 성전을 무너뜨린 후에, 선지자들은 언젠가 새로 지어져서 회복된 성전에 하나님이 영광 가운데 다시 돌아오시리라는 소망을 붙들었다. (성전 파괴는 이스라엘 백성과 그들의 하나님의 연결고리를 파괴한 사건이었기에 포로 생활보다 더 끔찍한 재앙이었다.) 그것이 우리가 이사야 40-55장으로 알고 있는 핵심 예언 본문에 나타난 약속이다. 그 약속은 에스겔 43장, 스가랴 1장 16절, 2장 10-11절, 말라기 3장 1절 같은 본문에 반복된다. 하지만 포로기 이후 시대에는 아무도 그 일이 실현되었다고 말하지 않는다. 지금까지도.

구약 성경에서는 하나님이 자기 백성 가운데 거하신다는 개념에서부터 두 가지 이차 주제가 파생하는데, 둘 다 신약 성경에도(변형하여) 등장한다. 첫 번째는 성전과 왕의 밀접한 상관관계다. 다윗은 하나님을 위한 '집'을 짓겠다고 선언하지만, 하나님은 그분이 친히 다윗을 위해 '집'을 짓겠다고 대답하신다. 그 집은 돌과 나무로 지은 건물이 아니라(다윗에게는 이미 그런 집이 있었다), 한 '가계'였다(삼하 7:1-17). 하나님이 갑자기 주제를 바꾸신 것처럼 보일지도 모르지만, 아니다. 하나님이 말씀하신 뜻은 이렇다. 지금 당장은 움직이는 성막에 하나님의 영광이 거하시지만(다윗의 아들 솔로몬이 하나님을 위해 영구한 장소를 짓도록 허락하실 것이다), 궁극적으로는 하나님이 '인간'으로서 그 백성과 함께 거하시는 것이 더 적절한데, 그 인간이 '다윗의 혈통에서 나올 오실 아들'이라는 것이다. 이 말은 더 큰 문화를 배경으로 보아야 이해할 수 있다. 수많은 주변 나라들처럼, 이후의 유대 전통에서도 왕권과 성전 건물은 늘 같이 갔다.

그렇다면 예수님이 성전과 자신의 몸에 관해 주장하신 요한복음 2장 내용은 왕과 성전의 이런 연관성의 관점에서 해석해야 한다. 우리는 이미 1장 마지막 부분에서 사람들이 예수님을 오실 메시아로 보고 있었다는 말을 들었다. 어떤 사람들은 그것이 예수님이 성전을 짓거나 회복하실 것을 암시한다고 자연스럽게 해석할지도 모른다. 요한은 그것을 그분이 '성전'이 되신다는 뜻으로 본다.

우리가 어렸을 때처럼, 한 분 하나님이 하필 '인간'이 되신다는

'성육신' 개념은 전혀 말이 되지 않는다고 들은 모든 사람에게 이 부분을 확실히 해야 한다. 사람들은 하나님이 인간의 형태로 축소된다는 것을 도무지 이해할 수 없다고 말하곤 했다. (며칠 전에, 어떻게 하나님이 화장실에 간다는 생각 같은 것을 할 수 있느냐는 이메일을 받았다.) 정반대로 어떤 사람이 자신이 '하나님'이라고 생각한다면, 그 사람은 미치고 말 것이다. 그런 생각은 자신을 축구공이나 케이크 조각으로 믿는 것과 비슷한 수준이 아닐까.

하지만 이런 반대는 이스라엘 사람들이 성전을 바라본 방식을 고려하지 못한 것이다. 시편을 읽어 보라. 시편은 우주의 창조자가 예루살렘이라는 작은 도시 남동쪽에 있는 낮은 언덕에 영구한 집을 세우기로 했다고 말한다. 그게 말이 된다면, 성육신도 (오히려 더) 말이 된다. 이스라엘의 성경에서 인간은 '하나님의 형상대로' 창조되었다. 그래서 하나님이 무언가 '되셔야' 했다면, 코끼리나 선인장보다는 '인간'이 되시는 편이 가장 적절했을 것이다.

고대 세계 모든 신전에서 가장 중요한 것은 건물 가장 안쪽에 있는 신의 '형상'이었다. 예배자들은 그 형상을 예배하면서 신에게 가까이 다가갈 수 있었고, 신의 능력이 주변 세상으로 뻗어 나갔다. 예루살렘 성전에는 아무 형상이 없었는데, 이스라엘 사람들에게는 형상을 금했기 때문이다. 살아 있는 인간들이 '형상'이었다. 일부 전통에서 이 말은 왕이나 대제사장에 대한 특별한 관심을 뜻했다. 이런 인물들을 통해 구원하시고 보호하시고 성화하시는 하나님의 임재가 현실로 나타났다. 여기 요한복음에 나오는 예수님은 '말씀이 육체가 되신' 진정한 인간이시다. 사람들은 이런 생각과 현대 서양의 세계관을 도저히 조화시키지 못한다. 하지만 1세기 유대인들의 사고를 이해한다면, 완전히 이치에 맞는 말이다.

요한복음 도입부에서 절정을 이루는 구절에, 말씀이 육체가 되어 우리 가운데 '장막을 치셨다'(요 1:14)라고 나오는 이유가 그 때문이다. 요한복음 1장 1절에 나오는 창세기의 울림("처음에…")이 한걸음 더 나아가 여기서 출애굽기의 울림으로 바뀐다. 창조주 하나님은 새로운 출애굽을 일으키셨고, 인간 예수의 모습으로 그 백성 가운데 장막을 치셨다. 창조하는 말씀이신 예수님을 통해 만물이 만들어졌다. 그분이 메시아이시다. 형상이시다. 육신이 되신 말씀이시다. 요한은 복음서 처음 두 장에서 이 모두에 관심을 집중시켜서 우리가 예수님과 유일하신 하나님이 예수님을 통해 하고 계신 일을 이해할 결정적 실마리를 주었다. 이 모든 내용은 1세기 유대 세계의 사상과 상징 체계에 단단히 기반을 두고 있었다.

성전에 대해 주목할 점이 두 가지인데, 그중 첫 번째가 다윗 자손과의 긴밀한 연관성이라고 말했다. 두 번째는 성막 혹은 예루살렘 성전에 임하신 살아 계신 하나님의 존재가 때로는 그분이 온 창조 세계에 무엇을 의도하셨는지를 보여 주는 이정표로 보였다는 점이다. 이 점은 이스라엘 성경 군데군데에 암시되어 있지만, 신약성경에는 강력하게 나타난다. 성막과 성전은 절대로 세상에서 '도피하는' 곳으로 제시되지 않았다. 지옥으로 떨어지는 세상에서 몸을 숨길 수 있는 안전한 장소가 아니었다. 오히려 성막과 성전은 세상으로 '나아가는' 교두보였다. 하나님이 언젠가 온 창조 세계에 하실 일을 보증하는 계약금 같은 개념이었다. 요한복음에서 예수님은 친히 진정한 성전, 야웨의 영광이 거하시는 곳이다. "말씀이 육체가 되어 우리 가운데 사셨다. 우리가 그분의 영광, 곧 아버지의 외아들의 영광과 같은 영광을 보았는데"(요 1:14). 예수님은 그분의 사역과 죽음, 특히 부활을 통해 온 세상을 향한 그 약속을 성취하기 시작하신다.

● "나는 양들을 위해 내 목숨을 내놓는다"

요한복음은 정말로 놀라운 한 인간의 행동들을 중심으로 이루어지는데, 그는 자신을 따르는 이들과 친구들을 극진히 사랑하여 자신을 희생한다. 이것이 끝까지 우리를 사랑하신다는 말씀이 의미하는 바의 기초다. 이 기초가 선한 목자 예수님을 비롯하여 요한복음 본문에 등장하는 많은 장면을 뒷받침한다. 이 생생하고 인간적인 그림들을 염두에 둘 때 우리는 다음과 같은 예수님 말씀의 의미를 온전히 깨닫게 된다.

> 나는 선한 목자다. 나는 내 양들을 알고, 내 양들은 나를 안다. 마치 아버지께서 나를 아시고, 내가 아버지를 아는 것과 같다. 그리고 나는 양들을 위해 내 목숨을 내놓는다(요 10:14-15).

> 내 양들은 내 목소리를 듣는다. 나는 그들을 알고, 그들은 나를 따른다. 나는 그들에게 오는 시대의 생명을 준다. 그들은 분명 절대로 멸망하지 않을 것이고, 아무도 그들을 내 손에서 낚아챌 수 없다. 그들을 내게 주신 내 아버지는 모든 것보다 훨씬 크시고, 내 아버지의 손에서 그들을 낚아챌 수 있는 자는 아무도 없다. 나와 아버지는 하나다(요 10:27-30).

그렇다. 우리는 복음을 통해 돌아보면서 생각한다. 그때 그런 일이 있었고, 이 모든 사건이 그리로 이어지는구나. 우리는 창의적이고 성가시고 사랑이 많고 엄격한 이 사람을 보면서, 사람들의 기대와는 정반대 방법으로 상황을 장악하는 것을 본다. '성부 하나님을 진정으로 반영하고 구현한 존재'를 본다. 요한은 우리에게 바로 이것을 믿으라고 요청하고 있는데, 요한복음을 더 주의 깊게 살필수록 더 이해가 된다. 예수님이 모든 사람에게 아낌없이 보여 준 세심한 개인적 관심과 자신을 주는 창의적 사랑, 그리고 편안한 태도와 깊이 있고 진지한 의도를 독특하게 결합한 모습이 바로 창조주가 우리와 함께 거하려고, 우리 가운데 '장막을 치려고' 오신 모습이다.

우리는 사람들이 예수님을 보고 그분 말씀을 듣고 나서 되돌아보면서, 그 편안한 태도와 가벼운 분위기 배후에 '진심'이 있다고 깨닫는 모습을 상상할 수 있다. 예수님은 진실을 말씀하고 계신다. 당신은 요한이 그 무엇보다도 우리 머리와 가슴으로 이해하기 원하는 것, 곧 성육신의 '타당성'을 깨닫기 시작한다. 말씀이 육체가 되었다는 것은 범주 오류가 아니다. 우리는 과연 창조주를 어떻게 생각했는가? 하늘에 있는 대형 전구처럼? 멀리 있는 얼굴 없는 총지배인처럼? 아니면, 예수님처럼?

이 모두는 우리를 '고별 담화' 단락으로 이끈다. 예수님은 마지막 식사를 마치고 제자들에게 길게 강론하신다. 요한은 예수님이 죽음을 앞두고 그분이 하실 일들을 미리 보여 주는 징후라고 생각되는 이야기, 곧 예언자의 전형적인 '행동으로 표현된 비유'로 그 강론을 시작한다.

> 저녁 식사 때였다. 마귀가 벌써 시몬 가룟의 아들 유다의 마음속에 예수를 배신하려는 생각을 심어 두었다. 예수께서는 아버지께서 모든 것을 자기 손에 맡기셨다는 것과 자기가 하나님에게서 와서 하나님께 가고 있음을 아셨다. 그래서 저녁 식탁에서 일어나, 옷을 벗고, 몸에 수건을 두르셨다. 그런 다음 대야에 물을 붓고, 제자들의 발을 씻기신 후 둘렀던 수건으로 닦으시기 시작했다(요 13:2-5).

> 예수께서 그들의 발을 씻기신 다음, 다시 옷을 입고 앉아 물으셨다. "내가 너희에게 한 일을 알겠느냐? 너희가 나를 '선생'과 '주'라 부르는데, 맞다. 내가 그러하다. 자, 방금 내가 주와 선생으로서 너희 발을 씻겼다면, 너희도 서로 발을 씻겨 주어야 한다. 너희도 내가 한 것과 똑같이 하게 하려고 내가 본을 보여 주었다"(요 13:12-15).

따라야 할 본이라고? 물론, 발을 닦는 모습은 삶의 모든 영역에 '적용'될 수 있다. 하지만 이는 앞으로 올 일을 보여 주는 표지이기도 하다. 이 본문은 바울이 예수님을 시적으로 묘사한 내용과 매우 유사하다.

그분은 하나님의 형체를 지니셨지만
하나님과 동등함을
이용해 먹을 것으로 여기지 않으셨습니다.

오히려 자기를 비워
종의 형체를 받아들이시고
사람의 모습으로 태어나셨습니다.

그러고는 사람의 모양을 취하셔서
자기를 낮추시고
죽기까지, 곧 십자가에서 죽기까지
순종하셨습니다(빌 2:6-8).

행동으로 나타난 이 사랑의 목적은 '자기 백성을 깨끗하게 하기' 위해서였다. 이상하게도 예수님은 제자들에게 성령을 부어 주시겠다고 이미 약속하셨다(요 7:39). 그 부분은 다음 장에서 더 자세히 살펴볼 것이다. 그런데 요한은 예수님이 '영광을 받으실' 때,

곧 십자가에 달리실 때까지는 이 일이 일어나지 않으리라고 암시했다. 발을 닦아 주신 행동은 십자가에서 자신을 내어 주실 겸손한 사랑을 가리킨다. 예수님을 따르는 이들은 그 십자가 사랑을 통해 깨끗해져서 마치 성전처럼 성령이 오셔서 거하시기에 적합한 곳이 된다. 또 그들은 이 성령의 내주하심을 통해 예수님이 자신을 사랑하셨듯이 세상을 사랑할 수 있게 된다.

발을 씻어 주신 장면 다음에 나오는 고별 담화는 모두 사랑에 관한 이야기다. 진정하고 깊은 사랑, 예수님이 본을 보여 주시고 살아 내신 실제적 사랑 말이다. 우리는 예수님이 이 말씀을 하신 맥락을 잊어서는 안 된다. 요한은 그 점을 매우 분명히 한다. 이 모두는 '고발자'의 영이요 '사탄'이 그 속에 들어간 유다가 예수님을 '고발'하러 자리를 뜬 상황에서 벌어진 일이다. 유다는 로마 병사들이 와서 예수님을 체포하도록 일을 꾸민다. 요한이 여기서 이스라엘 성경의 전체 내러티브를 요약하면서 하는 말을 이해하면 할수록, 다음 사실이 더 분명하게 눈에 들어올 것이다. 궁극적인 사랑, 언약의 사랑, 하나님의 창조적인 사랑 프로젝트가 진행될 때 악한 어둠의 세력은 최악으로 발악할 것이다. 우리가 이해하든 이해하지 못하든('좋아하든' 싫어하든, 대체로는 좋아하지 않고 좋아하려 하지도 않을 테지만) 사랑이 할 일은 오해와 적대감, 의심, 음모, 폭력과 살해에 맞서는 것뿐 아니라, 이 모든 무시무시한 과정을 통해 궁극적인 악의 불길을 자기에게로 끌어와 그 힘을 소진하는 것이다.

여기서 우리는 한 개인이나 전체 사회가 '권력'을 얻으려고 '사랑'을 포기할 수도 있다는 파우스트의 약속이 세상을 망가뜨리는 무익한 행동임을 깨닫게 된다. 사랑이야말로 가장 강력한 힘이다. 악이 저지를 수 있는 최악을 떠안고 흡수하여 파괴하는 것이 사랑이기 때문이다. 요한이 13-19장에서 말하는 내용이 바로 이것이다. 그는 우리가 빌라도 앞에 선 예수님, 죽음을 향해 가는 예수님, 십자가에서 어머니와 젊은 친구를 걱정하는 예수님의 이야기(요 19:25-27)를 읽으면서 이 점을 생각해 보길 원한다.

그것은 예수님을 따르는 이들이 그 순간 이후로 해야 할 일이기도 하다. 여기서는 마치 성상을 볼 때 그런 것처럼, 우리가 다른 무언가를 보고 있다고 생각하는 바로 그때 그것이 우리를 바라보고 있다는 것을 알게 된다.

> 내가 너희에게 새 계명을 주는데, 곧 이것이다. 서로 사랑하라! 내가 너희를 사랑했듯, 너희도 서로 사랑해야 한다. 너희가 서로 사랑하면, 이로써 너희가 내 제자임을 모든 사람이 알게 될 것이다(요 13:34-35).

> 예수께서 대답하셨다. "누구든 나를 사랑하는 사람은 내 말을 지킬 것이다. 내 아버지께서 그들을 사랑하실 것이고, 우리는 그들에게 와서 그들과 함께 살 것이다. 누구든 나를 사랑하지 않는 사람은 내 말을 지키지 않을 것이다. 너희가 듣는 말은 내 말이 아니라, 나를 보내신 아버지에게서 온 것이다"(요 14:23-24).

요한이 들려준 이야기는 우리가 앞서 언급한 갈망에 답하고 혼란을 해결해 주는 사랑 이야기다. 요한복음은 우리의 깨지고 엉망진창인 사랑, 집착, 자기도취의 갈망과 욕구와 괴로움에 확실하고 간단명료하게 "예"라고 말한다. 그렇다. (우리의 왜곡에도 불구하고) 하나님의 형상을 반영하는 인간은 '사랑하기 위해' 창조되었다. 우리가 주고받는 사랑을 통해, 그 사랑 가운데 자신을 발견하도록.

하지만 요한은 이 사랑, 예수님이 진지하면서도 편안하고 유쾌한 태도로 구현하시고 극적으로 살아 내신 사랑이 어둠의 왜곡을 극복하고 십자가에서 거두신 승리를 통해서만 우리에게 온다는 점을 확실히 한다. 그 사랑은 새 창조의 일부로 우리에게 온다. 부활은 하나님이 모든 창조 세계를 '긍정'하신다는 뜻이다. 모든 인간이 인간 됨의 핵심이라고 뼛속부터 알고 있는 사랑을 '긍정'하신다는 뜻이다. 예수님을 따르는 이들이 서로와 온 세상에 베풀어야 할 사랑, 바울이 말한 대로 '성령의 열매'의 첫째 요소인 이 사랑은 공개된 진리다. 세상이 그 사랑을 볼 때 그것이 진짜임을 알 것이다.

'자동으로' 그런 일이 생기지는 않을 것이다. 예수님의 사역과 비슷한 결과가 따를 것이다. 그분이 자기 백성에게 오셨지만, 백성은 그분을 영접하지 않았다. 예수님의 복음과 성령님의 능력이 인간의 심오한 질문들에 답을 준다고 해서, 사람들이 반드시 그 답을 원하지는 않을 것이다. 하지만 그 답은 사실이다. 그 답이 우리가 '영성'이라는 용어로 지칭하는 다차원적 인간의 삶으로 향하는 문을 열어 줄 것이다.

요한복음의 상상력에 나타난 하나님의 언약적 사랑

앞에서 'love'라는 영어 단어의 의미가 모호하고 정확하지 않다고 이야기했다. 요한을 비롯한 예수님의 초기 제자들이 속한 성경 읽기 전통에서 '사랑'은 매우 구체적인 의미를 지녔다. 그 의미는 하나님과 이스라엘이 맺은 '언약'과 그 언약의 궁극적인 목적들에 초점이 맞추어졌다.

> 주님께서 당신들을 사랑하시고 택하신 것은, 당신들이 다른 민족들보다 수가 더 많아서가 아닙니다. 오히려 당신들은 모든 민족 가운데서 수가 가장 적은 민족입니다. 그런데도 주님께서는 당신들을 사랑하시기 때문에, 당신들 조상에게 맹세하신 그 약속을 지키시려고, 강한 손으로 당신들을 이집트 왕 바로의 손에서 건져내시고, 그 종살이하던 집에서 이끌어 내어 주신 것입니다(신 7:7-8).

이 언약은 강력한 의무감을 불러일으킨다. 참되고 유일하신 하나님이 이렇게 사랑하시는 사람들은 그분을 사랑해야 한다. 그분께 충성하고 그분과의 관계를 무엇보다 소중히 여겨야 한다.

그러므로 당신들은 주 당신들의 하나님이 참 하나님이시며 신실하신 하나님이심을 알아야 합니다. 주님을 사랑하고 주님의 계명을 지키는 사람에게는, 천 대에 이르기까지 그의 언약을 지키시며, 또 한결같은 사랑을 베푸시는 신실하신 하나님이심을 알아야 합니다(신 7:9).

이스라엘이 이런 의무를 다하지 못했을 때 이 주제는 다음과 같이 슬프게 반영된다.

이스라엘이 어린 아이일 때에, 내가 그를 사랑하여 내 아들을 이집트에서 불러냈다. 그러나 내가 부르면 부를수록, 이스라엘은 나에게서 멀리 떠나갔다. 짐승을 잡아서 바알 우상들에게 희생제물로 바치며, 온갖 신상들에게 향을 피워서 바쳤지만(호 11:1-2).

슬퍼하는 아버지처럼, 이스라엘의 하나님은 그분이 주셨지만 거절당한 사랑의 관점으로 이 비극을 돌아보신다.

나는 에브라임에게 걸음마를 가르쳐 주었고, 내 품에 안아서 길렀다. 죽을 고비에서 그들을 살려 주었으나, 그들은 그것을 깨닫지 못하였다. 나는 인정의 끈과 사랑의 띠로 그들을 묶어서 업고 다녔으며, 그들의 목에서 멍에를 벗기고 가슴을 헤쳐 젖을 물렸다. … 에브라임아, 내가 어찌 너를 버리겠느냐? 이스라엘아, 내가 어찌

너를 원수의 손에 넘기겠느냐?(호 11:3-4, 8)

선지자 예레미야는 하나님이 이 신실하신 사랑 때문에 결국에는 이스라엘과의 언약을 새롭게 하실 것이라고 말한다.

나 주가 말한다. … 나는 영원한 사랑으로 너를 사랑하였고, 한결같은 사랑을 너에게 베푼다. … 나는 이스라엘의 아버지이고, 에브라임은 나의 맏아들이기 때문이다(렘 31:2-3, 9).

이사야서에 담긴 위대한 예언들도 이와 똑같이 흔들리지 않는 하나님의 사랑을 소망의 메시지로 드러낸다. 이사야 43장 같은 장들과 63장 9절에 나오는 최초의 출애굽 사건에 대한 회고에서도 마찬가지다.

주님께서는, 그들이 고난을 받을 때에 주님께서도 친히 고난을 받으셨습니다. 천사를 보내셔서 그들을 구하게 하시지 않고 주님께서 친히 그들을 구해 주셨습니다. 사랑과 긍휼로 그들을 구하여 주시고, 옛적 오랜 세월 동안 그들을 치켜들고 안아 주셨습니다(사 63:9).

이 사랑은 이스라엘의 반항과 악함이 불러온 불가피한 혼란마저 극복하고 승리하실 것이다.

"내가 잠시 너를 버렸으나, 큰 긍휼로 너를 다시 불러들이겠다. 분노가 북받쳐서 나의 얼굴을 너에게서 잠시 가렸으나 나의 영원한 사랑으로 너에게 긍휼을 베풀겠다. 너의 속량자인 나 주의 말이다. … 비록 산들이 옮겨지고 언덕이 흔들린다 하여도, 나의 은총이 너에게서 떠나지 않으며, 평화의 언약을 파기하지 않겠다." 너를 가엾게 여기는 주님께서 하시는 말씀이다(사 54:7-8, 10).

이것은 우리가 요한복음을 이해하는 데 더욱 중요하다. 요한이 "처음에 그 말씀이 계셨다"(요 1:1)라는 극적인 구절로 요한복음의 포문을 열 때 이사야 40-55장(특히 40장 8절과 55장 11절을 보라)에 나오는 하나님의 강력한 말씀, 구원하고 재창조하는 말씀이라는 주제를 환기하고 있기 때문이다.

그렇다면 요한이 물려받았고, 그가 예수님에게서 극적이고 인격적으로 표현되리라고 생각하는 '하나님의 사랑'이라는 성경 주제는 우주의 창조주가 무심하거나 적대적이지 않고 자비가 많으시다는 그저 일반화된 진술이 아니다. 하나님의 사랑은 그 무엇보다도 구체적으로 하나님의 선택과 관련이 있다. 그분은 아브라함과 그의 가족을 '사랑하는 백성', 어떤 사람들의 표현에 따르자면, 곧 그분의 '언약 동반자'로 선택하셨다. 하지만 그 관계는 망가져 버렸다. 이스라엘은 하나님을 저버렸고, 그 결과 신명기가 늘 경고한 대로 포로가 되는 재앙을 맞았다. 그 주제도, 특히 유다와 베드로라는 인물을 통해 요한복음에서 암울하게 성취된다. 요한이 도입부에서 말한 대로, 예수님은 자기 백성을 위해 오셨으나 그 백성은 그분을 맞이하지 않았다.

물론, 하나님의 강력한 언약적 사랑이라는 중요한 주제는 사람들의 배신이 그토록 끔찍한 이유이기도 하다. 요한은 그 점도 매우 분명하게 밝힌다. 그러나 예수님은 (유다와 같은) 배신이나 (베드로와 같은) 부인에도 그저 사랑을 더 많이 부어 주시는 것으로 답하신다. 이는 예수님 안에서 자신을 계시하시고 이제는 성령님 가운데 활동하시는 창조주 하나님이 우리가 사랑받을 만할 때만이 아니라 끔찍한 짓을 저지를 때도 그분의 생명을 내어 주실 정도로 더욱 우리를 사랑하신다는 사실에 우리가 더 감사하게 해 준다. 그것이 바로 다음과 같은 바울의 말에 담긴 의미다. "우리가 아직 죄인이었을 때, 메시아께서 우리를 위해 죽으셨습니다"(롬 5:8). 요한이 기록한 유명한 성경 구절, 하나님이 "세상을 얼마나 사랑하셨는지"(요 3:16)라는 말씀의 의미도 마찬가지다.

하지만 이제 언약을 새롭게 하실 것이다. 하나님의 말씀을 통해 강력하게 나타난 그분의 사랑이 하나님의 백성을 구원하기 위해 사람으로 오실 것이다. 그리고 그들과 함께, 애초에 그들을 부르셨던 더 큰 목적, 온 세상을 위한 목적을 이루실 것이다. 이것이 바로 요한이 들려주는 이야기다. 이제야 우리는 그 말씀에 붙은 인간의 이름을 알고, 그와 함께 하나님의 사랑이 나타난 인간의 얼굴을 볼 수 있다.

3장 영성

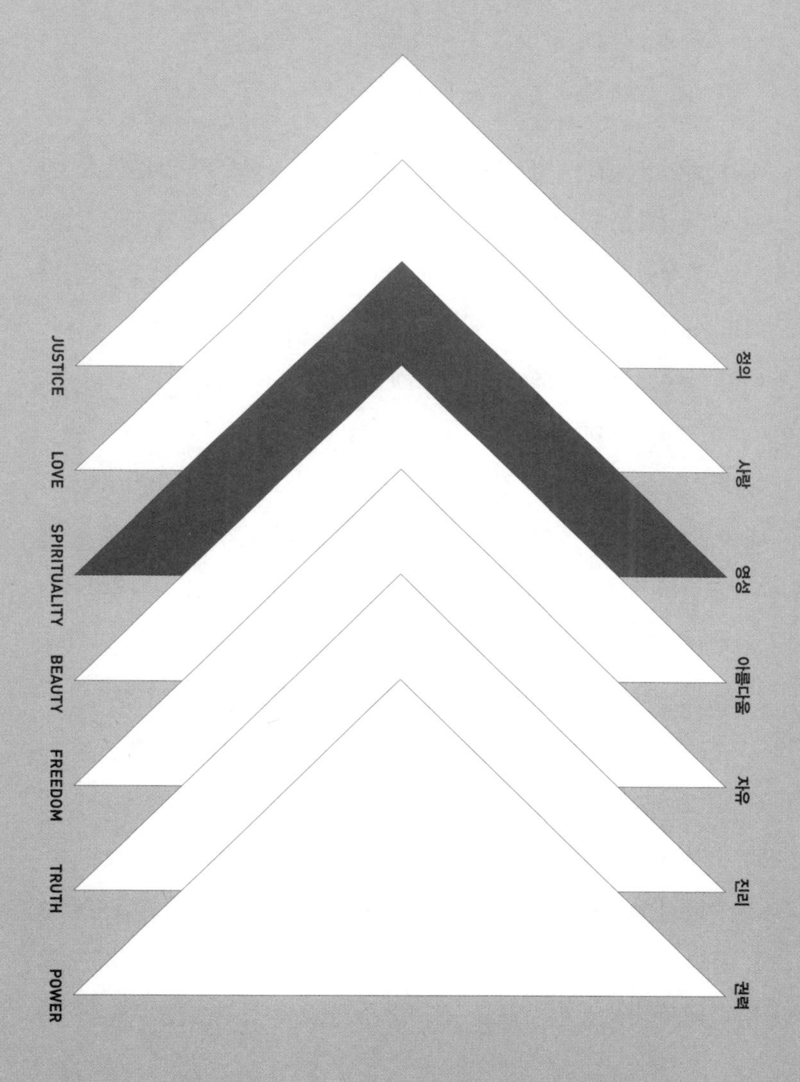
JUSTICE
정의
LOVE
사랑
SPIRITUALITY
영성
BEAUTY
아름다움
FREEDOM
자유
TRUTH
진리
POWER
권력

▲
▲

내가 젊었을 때는 '영성'이라는 단어를 많이 사용하지 않았다. 처음 영성이라는 단어를 듣고 그 역할을 이해하자마자 꽤 쓸모 있겠다고 생각했던 기억이 난다. 1960년대 말이나 1970년대 초까지만 해도 사람들이 영성을 이야기할 필요를 느끼지 못했다는 사실은 우리 사회가 어떤 변화를 거쳤는지 시사하는 바가 있다.

실제로, 1960년대는 서구 사회의 대전환기였다. 1950년대는 상대적으로 잠잠했다. 전쟁이 끝나고 당시 세대는 안도의 한숨을 내쉬고 일상으로 돌아가서 세상을 과거처럼 돌려놓기 위해 애썼다. 그러나 변화의 세력은 계속해서 몰려오고 있었고, 내 세대이기도 한 베이비붐 세대는 1960년대에 10대가 되고 20대가 되었다. 그들은 고리타분한 옛 생활방식을 얼마간 없애기로 결심했다.

그렇게 해서 나와 같은 세대의 많은 사람이 폐기한 것 중 하나가 '종교'였다. 1950년대에는 많은 영국인이 여전히 교회에 다녔지만, 1960년대부터 그 수가 급감하기 시작했다. (그럼에도 그때나 지금이나 계속해서 성장하는 교회도 많다.) 냉랭한 교회, 지겨운 설교, 형편없는 음악 등 케케묵은 '종교'와 관련된 모든 것이 '구닥다리'라는 생각이 대체적인 분위기였고, 진지하게 종교에 신경 쓰는 사람은 아무도 없었다. 내가 젊었을 때는 매년 전당 대회 때 노동당 지도자들이 동네 감리교회 예배에 참석해서 성경 본문을 낭독하곤 했다. 1970년대가 되면서 그런 전통은 사라졌고 영영 돌아오지 않았다. 그때까지만 해도, 일요일에는 주요 스포츠 행사가 열리지 않았다. 사람들 사이에 주일을 다른 요일과 다르게 생각한다는 인식이 있었다. 그중에는 교회에 가고 싶어 하는 이들도 있었다. 그런 모습도 사라진 지 오래다.

미국 상황은 조금 달랐다. 하지만 어떤 사람들이 세속화라고 이름 붙인 과정은 이제 미국에서도 시작되어 서서히 퍼져 가고 있는 듯하다. 따라서 사람들이 오늘날 스스로 '종교적'이지 않다고 말할 때는 대체로 다음과 같은 의미가 아닐까 싶다. '종교'는 과거의 일이지만, '영성'은 현재 진행 중이라고 말이다.

이런 차이는 기독교의 공식 표현에도 확연했다. 히피 문화가 최고조에 달한 1969년 초, 옥스퍼드대학교 교목들이 '선교 대회'를 조직했다. 주 강사는 당시 더럼 주교이자 훌륭한 철학자요 연사 이언 램지Ian Ramsey였다. 강연은 흥미로웠으나 설득력이 부족했다. 청중은 흥미를 잃었고 숫자가 확 줄었다.

하지만 보조 연사였던 러시아정교회 주교 메트로폴리탄 안토니 블룸Metropolitan Anthony Bloom은 달랐다. 점심시간에 열린 '기도 학교' 첫 번째 시간에는 열두어 명이 참석했다. 다음 날에는 강연장이 꽉 찼다. 내 기억이 맞는다면, 이후에는 더 큰 장소로 옮겨서 강연을 진행했다. 또 어떤 사람들이 보기에는 매우 놀랍게도, 그는 쉬는 시간에 학생들이 분주히 오가는 오전 11시에 옥스퍼드 중심에 있는 멋진 건물 중 한 건물 밖에 자원해서 서 있었다. 성직자의 평상복인 수단을 입고 턱수염을 근사하게 기르고, 눈은 바닥을 가늠할 수 없는 풀장처럼 깊었다. 그는 한결같이 고요한 목소리로 하나님에 관해 이야기했다. 강의 시간 따위는 다 잊어버리고 청중이 모여들었다. 우리가 그 주간에 목격한 것이 바로 '종교'의 확연한 쇠락과 '영성'에 대한 갑작스러운 관심이지 않았을까 싶다.

'종교'와 '영성'의 내러티브에는 배경이 되는 이야기backstory와 함께 '앞선 이야기forward story'가 있다. 내가 1960년대의 종교와 영성에 집중한 까닭은 그때를 잘 기억하기 때문이기도 하고, 그때가 많은 서구 사회에서 전환점이었다고 믿기 때문이다. 18세기 이후로 서구 사회는 대체로 '종교'를 사적 영역으로 치부했다. 그 때문에 사회, 공공, 정치의 많은 영역이 '기능적 무신론'을 기초로 발전했다. 하나님은 저 위쪽 다락방으로 은퇴하셔서 이제 보이지 않는 것 같다. 하나님은 우리와 별로 관계가 없어서 우리는 그분 없이도 아래쪽 세상을 얼마든지 경영할 수 있다. 그래서 종교도 필요 없다.

하지만 '영성'은 어떤가? 그건 좀 다른 문제다. 헨리 포드Henry Ford는 자서전에서 모델 티Model T를 판매하기 시작한 1909년에 고객들에게 이렇게 말했다고 한다. "검은색이라면 어떤 색이라도 좋습니다." 오늘날 많은 사람은 '기독교만 아니라면 어떤 영성이라도 좋다'고 생각하는 것은 아닐까.

그래서 유럽과 미국에서는(다양한 양상으로 존재하기는 했지만) 전통 기독교 신앙과 관습 대신, 성과 돈과 권력 같은 다른 신을 숭배하기 시작했다. 그리고 오늘날 우리는 '영지주의' 형식의 부활을 목격하고 있다. 그때나 지금이나 여러 다양한 형태를 취하는 이 고대 철학은 인간에게 중요한 것은 은밀한 내면의 핵심 곧 '진정한 자아'이며, 그 자아를 확인하고 표현해야 한다고 제안한다. 이것은 '겉 사람'과는 상당히 다른 '자아'일 때가 많다.

이 철학은 2-3세기에, 특히 유대 집단들과 기독교 신앙 주변부에서 인기를 끌었다. 그들은 현실 세계에서 하나님이 주도하시는 변화에 대한 희망을 포기하고 내면으로 돌아선 사람들이다. 영지주의는 하나님이 개입하셔서 그 백성을 구출하시는 '구속'의 종교가 아니었다. 하나님이 궁극적으로 사람들을 현세에서 데려가신다는 개념만 제외하고 말이다. 그것은 항상 '자아 발견'의 종교였다. '계시자'라는 인물은 당신이 사실은 다른 세상(혹은 그 어디라도)에서 온 빛이라는 것을 보여 줄지도 모른다.

2세기 영지주의는 물론이고 20세기와 21세기의 영지주의 역시 정치적 억압이라는 위험을 탈출하는 방편이었다. 제국들은 유일하신 한 분 하나님이 계시고 예수님이 세상의 진정한 주님이시라는 의미를 곰곰이 생각하는 사람은 억압할지라도, 내면의 깨달음과 궁극적인 내세의 구원을 추구하는 사람은 괴롭히지 않을 것이다. 많은 사람이 지적했듯이, 영지주의의 일부 형태는 오랫동안 많은 미국인에게 기본 값과 같았다. "진정한 나를 찾으라"라고 이야기하는 많은 영화에서 볼 수 있듯이 말이다. 이 모든 '가상 현실'

세상에는 확실히 영지주의의 기미가 있다. 또한, 소셜 미디어가 사람들로 하여금 만들고 투영하고 그에 따라 살기 위해 노력하게 하는 '페르소나'가 혼란스럽고 엉망진창인 실제 자아와는 얼마나 동떨어져 있는지를 우리는 날마다 목격한다.

평범한 서점의 '마음-몸-영혼' 서가에서 책을 몇 권 골라 펼치면, 이런 주제를 얼마든지 계속 탐색할 수 있다. 하지만 이 정도면 내가 말하려는 핵심은 이미 분명해졌을 것이다. 오늘날에는 자신이 '종교적'이거나 '기독교적'이지는 않아도, '영적'이라고 생각하는 사람이 많다. 헨리 포드 이야기로 돌아가 보자. '종교적'이지만 않다면 어떤 영성이라도 좋다. 특히나 '기독교만 아니라면' 말이다.

그러나 기독교는 영성이라는 망가진 이정표에 독특하게 말하는 종교다. 이제부터 살펴보겠지만, 하나님은 우리가 이 땅에서 하늘을 엿볼 수 있게 하셔서, 영적으로 연결되고자 하는 우리의 갈망에 응답하신다. 이것이 예루살렘 성전이 의미하는 바이자, 요한에게는 예수님이 의미하는 바였다. 영성에 대한 신선한 시각은 여기서 멈추지 않는다. 하나님은 우리에게 적극적인 참여를 요청하신다. 하나님의 선물이면서 굉장히 인간다운 능력인 새로운 생명, 우리 안의 새로운 호흡으로 우리를 부르신다. 요한이 보기에, 영성에 대한 인간의 혼란스러운 추구, 곧 깊은 차원에서 알고자 하고 알려지고자 하는 필요가 드디어 성취된다.

● 성전과 토라

그렇다면 요한복음은 인간의 영성 추구에 대해 무엇이라고 말하는가? 요한이 그린 예수님 이야기에서 이 망가진 이정표는 어떻게 나타나는가?

나는 요한이 지난 200-300년 동안 유럽과 미국의 혼란스러운 사상들을 보았다면 놀라고 혼란스러워하고 적잖이 실망했으리라고 생각한다. 요한이 살던 세상의 정점定點은 우리 시대와는 상당히 달랐다. (현대의 과학 지식과 우주여행 등을 말하는 것이 아니다.) 하지만 영성에 관해서라면, 우리 시대나 고대 이방 세계나 비슷한 선택지가 있었다. 신들은 대체로 부재하거나(에피쿠로스주의), 인간과 세상 내부에 신적인 능력으로 존재하거나(스토아주의), 비물질적이고 영원한 세상에 살아서 우리 영혼이 그리로 도피할 수 있거나(플라톤주의), 인생의 다양한 영역에서 작동하는 특정한 세력으로 존재한다(평범한 이교주의). 그러나 요한이 살던 유대 세계는 지금처럼 당시에도 철저하게 달랐다. 유대인들에게 한 분 창조주 하나님은 세상과는 전혀 '다르면서도', 세상에 '친밀하게 개입'하셨다.

이 역설(하나님이 세상과는 완전히 '다르시나' 이 세상에 세심하게 관여하신다는)은 시편 기자들에게는 제2의 천성과도 같다. 이는 선지자들에게는 기본이고, 모세오경의 주요 주제다. 그리고 이런 역설은 성전에 잘 표현되어 있다. 성전은 하늘과 땅이 하나가 되는 장소다. 물론, 솔로몬이 열왕기상 8장 27절에서 말한 대로, 저 하늘과 저 하늘

위의 하늘이라도 온 땅의 창조주 하나님을 '모시기에 부족할' 것이다. 하지만 하나님은 이 땅에 오셔서 자기 백성 가운데 거하겠다고 약속하셨고, 적절한 때가 이르자 그렇게 하셨다.

이것은 아무리 부드럽게 표현한다고 해도, 굉장히 위험한 제안이었다. 고대인들은 살아 있는 하나님의 얼굴을 마주하는 일이 (그런 일이 정말로 가능하다면) 엄청난 충격을 가져올 수 있음을 잘 알았다. 그래서 우리는 성막을 세우고 하나님이 오셔서 그곳에 사신 이야기 직후에 나머지 레위기 전체가 건강과 안전에 대한 규례에 할애된 것을 볼 수 있다. 이 규례들은 정기적으로 드리는 희생 제사와 정결을 위해 마련된 다른 제의들에 초점을 맞추고 있다. 그렇게 해서 하나님이 그 백성 가운데 거하실 수 있도록 말이다. 이사야가 성전에서 하나님의 환상을 보았을 때 죽게 되었다고 생각한 것도 그 때문이다(사 6:1-13). 대제사장을 제외하고는 아무도 성전 지성소에 들어갈 수 없는 까닭도 그 때문이다. 대제사장마저도 일 년에 단 하루, 속죄일에만 지성소에 들어갈 수 있었다. 그날에 대제사장은 지성소에 들어가 백성이 지은 모든 죄를 속하는 제사를 드렸다. 하나님이 그들과 함께 계시고 떠나시지 않도록 하기 위해서였다. 전에도 그런 일이 있었다(겔 1-10장).

따라서 성전은 우리가 고대 이스라엘 '영성'이라고 부르는 것(그들은 그렇게 부르지 않았지만)의 중심이었다. 하나님이 그들 가운데 거하신다면, 가까이에서 그분의 능력과 사랑의 임재를 느끼는 것보다 더 큰 즐거움이, 그보다 더 큰 변화를 일으킬 경험이 어디 있겠는가? 시편 기자는 "주님의 집에 사는 사람들은 복됩니다. 그들은 영원토록 주님을 찬양합니다"(시 84:4)라고 말한다. 거기서 종일 하나님을 예배하는 것보다 더 좋은 일은 상상할 수 없다.

이렇듯 성전이 중심이었다면, 바빌로니아 포로기 이후 제2성전기(어림잡아 주전 1-4세기와 주후 1세기)에 이르러서는 출애굽기에 나오는 또 다른 핵심 요소를 똑같이 중요하게 여겼다. 바로 토라, 곧 모세오경이었다. 이 책들은 유일하신 하나님과 그 백성의 큰 이야기의 서사를 형성한다. 신명기 마지막에서는 이 이야기가 '후일'까지 계속되었다고 말하는데, 예수님 당시 유대인들은 자신들이 그 이야기 가운데 살고 있다고 믿었다. 그러나 사람들은 점점 더 토라를 교훈집, 곧 유대인 삶의 모든 측면을 규정한 법전으로 보았다. 토라가 어떤 특정 부분을 언급하지 않는 것처럼 보인다면, 박식한 서기관이나 교사들을 구슬려서 그와 연관된 교훈을 반드시 제공하게 했다. 그들은 토라를 사실상 삶의 모든 영역에 적용하는 것을 즐거움으로 삼았다.

시편에도 잘 나와 있듯이, 그 이유를 찾기란 그리 어렵지 않다. 삶의 모든 것이 기도, 곧 즐거이 자신을 드리는 행위가 된다. 성전에 있든 성전과 멀리 떨어져 있든, 토라가 가슴과 머리에 있다면, 당신은 예루살렘 성전에 있는 운 좋은 사람들과 똑같이 하나님을 예배할 것이다.

주님의 교훈은 완전하여서 사람에게 생기를 북돋우어 주고,

주님의 증거는 참되어서 어리석은 자를 깨우쳐 준다.
주님의 교훈은 정직하여서 마음에 기쁨을 안겨 주고,
주님의 계명은 순수하여서 사람의 눈을 밝혀 준다.
주님의 말씀은 티 없이 맑아서 영원토록 견고히 서 있으며,
주님의 법규는 참되어서 한결같이 바르다.
주님의 교훈은 금보다, 순금보다 더 탐스럽고,
꿀보다, 송이꿀보다 더 달콤하다(시 19:7-10).

시편 19편의 한 부분이다. 영국 작가 C. S. 루이스C. S. Lewis는 이 시를 역사상 가장 훌륭한 시로 묘사했다. 시의 앞부분은 자연 질서, 특히 하늘과 해가 창조주의 선하심을 어떻게 선포하는지 묵상하면서 선한 창조 세계를 찬양한다. 시인은 해의 빛과 열이 세상 구석구석까지 도달한다고 말하면서, 그것이 "토라가 우리에게 미치는 영향과 같다"고 말한다. 이것이 이 시의 요지다. 토라는 마치 세상을 비추는 해처럼 인간에게 작용해서 생명과 지혜, 기쁨과 빛, 용기와 진리, 심지어 꿀벌보다 더 단 달콤함까지 준다.

많은 서양 기독교 전통에서 '유대 율법주의'를 '종교'의 부정적 형태로 보는 것이 관례가 되었다. '선행'으로 하나님을 기쁘시게 하겠다면서 아무 효력도 없는 이상한 도덕률을 잔뜩 시도하는 행태로 보는 것이다. 예수님 시대에도 지혜로운 교사들은 그런 위험을 똑같이 인식하고 있었다. 토라를 모든 삶의 영역에 끈질기고 세세하게 적용하려는 노력은 자신을 섬기는 그런 질 낮은 영성과는

아무 관련이 없었다. 그들은 그저 시편 19편을 끝까지 따르고 있었을 뿐이다. (시편 119편도 비슷한 내용을 더 길게 말하고 있다.)

핵심은 이스라엘의 하나님이 단지 성전에서만 자기 백성 가운데 살고 싶어 하신 게 아니라는 것이다. 하나님은 그분의 삶, 생명을 주시는 호흡, 지혜와 기쁨 등이 '백성들 각자의 내면에 있기를' 바라셨다. 그들이 하나님의 형상대로 만들어졌다면, 그 형상이 살아나서 하나님의 능력과 사랑을 삶으로 생생하게 표현하는 것보다 더 적절한 일이 어디 있겠는가? 그 삶은 진정으로 인간다우면서도 진정으로 하나님을 나타낼 것이고, 시간이 흐를수록 더더욱 그럴 것이다.

고대 유대 영성의 두 축인 성전과 토라가 창조를 '매우 긍정하고', 창조 세계의 선함을 찬양하면서도 그것을 예배하는 것은 거부한다는 점은 이미 언급했다. 성전과 토라의 핵심은 하나님의 백성 이스라엘이 진정한 인간다운 존재로 부름을 받았다는 것이다. 하나님의 형상을 담은 이 진정한 인간성은 살아 계신 하나님과의 친밀한 관계에서 얻을 수 있다. 그분은 성전을 통해 물리적으로 가까이 계시고, 토라를 통해 내면의 삶 가운데 계신다. 이것이 성경 전통이 말하는 진정한 영성이다. 모든 인간은 자신이 그런 진정한 영성을 원한다는 것을 잘 알면서도, 그 영성을 추구하려는 시도는 너무나도 자주 실패하고 만다. 요한복음은 그 이유를 설명해 준다.

● 새로운 성전이신 예수님

요한복음은 성전과 토라, 두 이미지를 계속 이어간다. 그는 성전과 토라가 무엇을 뜻하는지 정확히 이해했다. 그것들은 풍요로운 유대 영성의 핵심인데, 평범한 이교나 다른 철학 대안으로는 알아내기 힘든 종류다. 요한은 성전과 토라에 놀랍도록 새로운 실재를 부여했다. 그는 그것들이 예수님과 성령님을 나타낸다고 본다.

이 점은 (앞장에서 살펴보았듯이) 예수님이 성전의 멸망과 재건을 말씀하시는 2장에서 분명해진다. 요한은 그에 대해 "예수께서는 자신의 몸인 '성전'을 두고 말씀하신 것이었다"(요 2:21)라고 말한다. 예수님은 사람들 한가운데 계신 한 분 하나님의 살아 계신 현존이시다. 예루살렘 대성전조차 그 실재를 미리 보여 준 이정표에 불과했다. 그렇게 요한은 예수님 안에 오래전에 약속하신 이스라엘 하나님의 인격적 현존이 있다고 선언하고 있다. 물론, 열왕기상 8장이 말하듯이, 하늘 위의 하늘도 그분을 담아낼 수 없다는 것은 누구나 안다. 하나님은 스스로 낮추셔서 예루살렘 성전에 오셔서 거하신다. 성부와 성자로 알려진 한 분 하나님이 계신다는 성육신의 역설은 이런 성전 역설의 최종적이고 완전한 형태다. 그리고 그것은 결국 모든 창조 세계를 주관하시는 주님이 빛나는 영광과 부드러운 손길로 오신다는 은혜의 역설이다. 회복의 대서사시가 시작되는 이사야 40장 1-11절에서 표현하듯이, 승리 가운데 오신 야웨 앞에서 언덕이 평탄해지고 골짜기가 돋우어질 것이다. 그분이 오셔서 어린양들과 그 어미 양을 돌보는 목자같이 자기 백성을 다스리실 것이다.

그렇다면 요한의 기독교 영성은 예수님께 초점이 맞추어져 있다. 그는 공생애 기간의 현존과 더불어 부활하고 승천하셔서 이후로도 살아 계신 예수님의 계속된 현존에 집중한다. 사람들은 예수님을 믿고 예배하고 신뢰하고 순종하며 따를 것이다. 이 길을 이제 막 시작한 사람들도 성전에 있는 시편 기자처럼 이 풍성한 임재 가운데 거하는 것이 얼마나 큰 기쁨인지 발견한다. 그분을 찬양하는 것은 날마다 즐거움이다. 말씀(사복음서 읽기)과 성례전(세례와 성찬 때마다 교회가 경험하는 기쁨)을 통해 그분을 아는 것은 가까운 친구와 가족, 배우자와 점점 더 친밀해지는 것과 같다.

이런 친밀함에는 관계의 선물이 따른다. 요한복음 1장 12절은 예수님을 맞이한 자, 곧 '그분의 이름을 믿는' 자들은 그분을 통해 '하나님의 자녀'가 된다고 말한다. 이것은 특히 출애굽 당시에 하나님 백성을 가리키는 성경의 명칭 중 하나인데(출 4:22), 요한은 여러 방식으로 이 명칭을 떠올리게 한다. 요한복음이 계속 진행되면서, 우리는 예수님이 제자들에게 약속하신 성령의 사역(요 7:39; 20:22)을 통해 어떻게 이 일이 이루어지는지 조금씩 발견하게 된다. 예수님을 믿고 따르는 사람들은 한 분 하나님이 거하시는 '작은 성전'이 된다.

● 포도나무와 가지

15장에는 요한이 예수님과 그분을 따르는 이들의 관계를 묘사한 내용 중에 가장 생생한 비유가 나온다. 거기서 예수님은 자신은 '포도나무'요 친구들은 '가지'라고 말씀하신다. '포도나무'는 이스라엘 백성을 가리키는 성경의 이미지다. 예수님은 이스라엘의 메시아이신 자신과 함께 하나님 백성의 운명이 마침내 성취된다고 주장하고 계신다. 예수님 시대에는 성전에 포도나무를 새겨 넣었는데, 여기서 예수님은 그분을 따르는 이들이 그분과 맺게 될 관계를 사실상 이렇게 묘사하고 계신다. 이제 이것이 여러분이 성전에서 이스라엘 하나님과 맺었던 친밀한 관계를 대체한다.

> 예수께서 말씀하셨다. "나는 참 포도나무요, 내 아버지는 정원사시다. 그분은 열매 맺지 못한 채 내게 붙어 있는 가지를 전부 자르신다. 또 열매 맺는 가지는 전부 손질하여 더 많은 열매를 맺게 하신다. 너희는 이미 깨끗하다. 내가 너희에게 이른 말 때문이다. 내 안에 머물러라. 그러면 나도 너희 안에 머물겠다! 가지는 제 스스로 열매 맺지 못하고, 포도나무에 붙어 있을 때에만 맺는다. 마찬가지로 너희도 내 안에 머물지 않으면 열매 맺지 못한다. 나는 포도나무요, 너희는 가지다. 내 안에 머물고 내가 그 안에 머무는 사람은 열매를 많이 맺는다. 알다시피, 나 없이는 너희가 아무것도 할 수 없다. 내 안에 머물지 않으면, 가지처럼 던져져 말라 죽는다. 사람

들은 가지를 모아 불에 넣고 태운다. 너희가 내 안에 머물고 내 말이 너희 안에 머물면, 무엇이든 너희가 원하는 것을 구하여라. 그러면 너희에게 이루어질 것이다. 너희가 열매를 많이 맺어 내 제자가 되면, 내 아버지께서 영광을 받으신다"(요 15:1-8).

여기서 우리는 예수님과 그분을 따르는 이들의 친밀한 관계를 본다. 이 관계는 아버지와 아들의 궁극적인 친밀함에 뿌리를 두고, 성령님을 통해 나타난다. 요한은 이 관계의 결과를 분명히 밝히는데, 곧 풍성하고 다채롭지만 깨지지 않는 제자들의 연합이다(17장). 제자들이 하나 되기를 간구하신 예수님의 기도를 13장 1절에 나오는 사랑의 또 다른 측면, 아마도 가장 강력한 측면으로 봐도 무방할 것이다.

이런 친밀함이 앞 장에서 살펴본 고별 담화(13-17장)의 핵심에 있다. 하지만 여기서는 그에 대해 조금 더 할 말이 있다. 마침내 예루살렘에 도착하신 예수님이 성전에 가셔서 성전의 멸망을 예언적으로 보여 주신 마가의 서술 방식대로 복음 이야기를 읽는 데 익숙한 사람들은 요한복음의 사건 순서를 보면서 혼란스러울지도 모른다. 마가의 묘사(막 11:12-19)와 다르지 않고, 같은 이유로 마태와 누가와도 다르지 않은 요한의 '승리의 입성' 장면은 12장에 등장한다. 하지만 예수님이 성전의 행태를 꾸짖으신 내용은 이미 2장에 나온 적이 있다.

이제 우리는 요한이 그 사건을 초반에 배치한 이유를 알 수도 있을 듯하다. 이번에는 예수님이 예루살렘에 오셔서 가르치고 기도하고 앞으로 일어날 일에 대해 경고하신다. 그러고 나서 제자들을 다락방으로 데려가셔서 그분과의 친밀(하고 매우 부담스럽기도)한 관계와 그 관계가 불러올 결과에 대해 말씀해 주신다. 제자들의 발을 씻기시고, 다락방에서 제자들에게 말씀하시고, 그들이 하나가 되어 증거하게 해 달라고 기도하신 것은 모두 새로운 성전에 해당한다. 이스라엘 성전에서 예배한 이들이 이스라엘의 하나님을 가까이 느꼈듯이, 이것이 그들이 예수님을 가까이한다는 의미다. 요한은 예수님이 진정한 성전이시고 그분을 따르는 이들은 그 성전에서 예배하는 사람들이라는, 자신이 옹호하는 신학과 영성을 이야기 구조에 녹여 냈다.

요한의 성전 신학은 흔히 대제사장의 기도라고 일컫는 17장에서 온전한 모습을 드러낸다. 아론과 아들들이 이스라엘 하나님의 임재 가운데 이스라엘을 위해 기도했던 것처럼, 예수님은 제자들을 마음에 품고 아버지께 기도하신다. 이 기도가 고별 담화의 원을 완성한다. 맨 처음에 제자들을 깨끗하게 하신 사건(13장), 결론부의 기도(17장), 그 사이에 기독교 영성의 핵심인 예수님과의 친밀한 관계(15장). 매우 성경적이며 인간성을 회복하는 이런 영성은 요한이 이 시대의 혼란스러운 시도들에 대해 하고 싶어 했을 말을 요약해 준다.

요한의 이런 기독교적 영성관은 특히 우정의 언어로 표현된다. 우정은 고대 철학자들 사이에서 주요 토론 주제였다. 하지만 여기서 요한은 우정을 '성전 예배자들'이라는 개념을 새로운 형식, 곧 예수님과 제자들이 만드는 새로운 삶으로 바꾸는 방법으로 강조하는 듯하다. 예수님은 "나는 너희를 더 이상 '종'이라 부르지 않겠다. 종은 주인이 무엇을 하는지 모른다. 하지만 나는 너희를 '친구'라 불렀다. 내가 내 아버지께 들은 것을 모두 너희에게 알려 주었기 때문이다"(요 15:15)라고 말씀하신다.

앞에서 살펴보았듯이, 요한은 요한복음 전체에서 예수님의 '친구'가 된다는 것이 어떤 의미인지 맛보게 해 준다. (오늘날 일부 기독교 영성 교사들도 예수님의 '친구'가 된다는 개념을 중시하는데, 그것은 매우 적절하다. 우리가 그 개념을 '잘 모르지만 꽤 마음에 드는 누군가'와 같은 현대의 가벼운 친구 개념이 아니라, 제대로 된 성경적 의미로 받아들이기만 한다면 말이다.) 예수님은 편안하면서도 도전과 부담을 주는 관계를 맺으며 사람들 곁에 계신다. 사람들은 그분께 말을 건네고, 그분에게 답변을 듣는다. 1장에서는 첫 제자들과, 2장에서는 어머니와, 3장과 4장에서는 니고데모와 사마리아 여자(이들에 대해서는 잠시 후에 다시 다룰 것이다)와 함께하신다. 제자들과는 계속해서 할 일을 상의하시고 그들의 오해를 바로잡아 주신다(6장, 10장). 실제로, 그분은 먼저 대화를 시작하시는데, 21장에서 베드로와 나눈 당황스러운 대화에서 볼 수 있듯이 때로는 우리가 회피하고 싶어 하는 주제를 꺼내실 것이다.

이런 까닭에 여러 세대에 걸쳐 많은 그리스도인이 예수님을 알아 가는 첫 단계로 요한복음을 읽는 게 큰 도움이 된다는 사실을 깨달았다. 요한복음에는 온전하고도 영광스러운 인간이 되신 영원하신 말씀 곧 '살아 계신 말씀'과 친구가 되는 법에 관한 조언이 가득하다. 그 말씀은 친구들과 함께하는 것을 기뻐하신다. 그들이 기도할 때, 성경을 연구할 때, (문자적으로나 비유적으로) 서로 발을 씻어 줄 때, 빵과 포도주를 통해 그분의 생명과 피를 새로이 받을 때(6장) 함께하신다.

이렇듯 유쾌하고 생명을 주는 교류는 '부활' 장으로 불리는 20장과 21장에서 부활하신 예수님과 세 제자가 나누는 대화에서 최종적으로 뚜렷해진다. 마리아는 그분을 동산지기로 생각한다. 도마는 그분을 보고 만지기 원한다. 베드로는 세 번이나 주님을 부인한 일을 용서받고 싶어 한다. 우리는 이 놀라운 장면들을 나중에 살펴볼 것이다. 지금은 이 장면들이 앞선 장면들과 마찬가지로 진지한 의도와 편안한 태도가 결합된 사랑의 표현이라는 점만 언급하려 한다. 우리는 마리아의 이름을 부르시거나 도마에게 말씀하실 때 예수님 입가에 미소가 어리는 모습을 상상해 볼 수 있다. "그렇게 원한다면, 좋다. 여기 손을 대 보거라. 어서!" 우리는 예수님이 "네가 나를 사랑하느냐?"라고 물으실 때 베드로가 마음에 느꼈을 부담과, "내 어린 양을 먹여라. 내 양들을 돌봐라. 내 양들을 먹여라"라고 말씀하실 때 그가 느꼈을 홀가분함을 상상해 볼 수 있다(요 21:15-17).

그렇다면 요한복음 영성의 핵심은 성전을 대체한 예수님이다. 그러나 이것이 이야기의 끝은 아니다. 더 놀라운 사실은 예수님이 진정한 '성전'이시라면, 그분을 따르는 이들도 '성전 백성'이라는 것이다. 예수님이 약속하신 대로, 살아 계신 하나님은 그들과 '함께' 집을 지으실 뿐 아니라, 그들 '가운데' 집을 지으실 것이다. 그들, 곧 우리는 세상으로 뻗어 나가는 가지다. 하나님의 성령으로 생명을 얻어 우리도 어린 양을 먹이고 어미 양을 칠 수 있다.

● 거듭난 사람으로 살아가기

영성에 대한 오늘날의 혼란에 직접 답을 주는 요한복음의 가장 놀라운 약속은 성령이 오신다는 것이다. 초막절에 예수님은 이사야 55장 서두에 나오는 것처럼 사람들을 초청하신다. "누구든 목마른 사람은 내게로 와서 마셔야 한다! 누구든 나를 믿는 사람은, 성경이 말하는 것처럼 마음에서 생수의 강이 흘러나올 것이다!"(요 7:37-38)

대부분이 동의하듯이, 여기서 성경이 가리키는 내용은 에스겔 예언의 종결부다(겔 47:1-12). 포로기 이후 성전 재건을 묘사한 긴 단락에 이어, 선지자는 성전에서 흘러나와 사해까지 이어져 바닷물을 되살리는 생수의 강을 묘사한다. 여기서 예수님은 제자들, 곧 그분을 믿고 갈증을 해결하려고 그분께 온 이들이 생명을 주는 자가 되어 다른 사람들의 갈증을 해결해 줄 것이라고 약속하고 계신 듯하다. 요한복음 20장 21-22절에서 제자들에게 성령의 숨을 내쉬면서 그분이 이스라엘을 위해 하신 일을 세상을 위해 하라고 명령하실 때 예수님은 이를 염두에 두셨을 것이다.

요한은 7장 39절에서 이 부분을 좀 더 설명한다. 그에 따르면,

예수님은 신자들이 받을 성령을 가리켜 말씀하고 계셨다. "예수께서 아직 영광을 받지 않으셨기 때문에 영께서 아직 와 계시지 않았다." 이것도 성전과 관련이 있다. 하나님의 영광스러운 임재는 오염된 신전에 들어가실 수 없다. 예수님이 발을 씻어 주시는 장면은 앞으로 있을 일을 암시한다. 예수님이 제자들에게 일러 주신 말로 그들은 이미 '깨끗하다'(요 13:10; 15:3). 그러나 발을 씻기신 사건이 상징하는 예수님의 십자가형은 그들을 완전히 깨끗하게 하실 것이다. 그리고 이 씻으심은 이스라엘 성전의 희생 제사처럼 그들의 유익(말하자면, 이 세상을 떠나 하나님과 함께 있을 수 있도록)만을 위한 것이 아니다. 오히려 그 반대다. 그들이 '깨끗하기' 때문에 하나님이 성령의 형상으로 친히 오셔서 그들과 함께, 그들 가운데 거하실 수 있다.

이 복잡하고 도전적인 말씀들은 분명히 예수님이 공생애 기간에 제자들에게 하나님의 말씀을 들려주실 때 이미 벌어진 무언가를 가리키는 듯하다. 요한복음 내러티브 초반에 이와 비슷한 일이 벌어진 것을 볼 수 있는 대화가 두 차례 나온다. 두 대화 모두에서 예수님이 성령을 약속하신 것이 핵심이다.

첫 번째는 3장에 나오는 니고데모와의 대화다. 그는 밤중에 예수님을 찾아온다. 요한은 그가 밤에 찾아왔다는 사실을 강조하고 싶어 하는 것 같다. 유다가 마지막 만찬 자리를 떠날 때가 '밤'(요 13:30)이었던 데서 생생하게 볼 수 있듯이, '어둠'과 '빛'은 요한에게 매우 상징적이다. 그래서 요한은 여기서 밤 시간의 방문에 관심을 집중시키면서, 니고데모가 아직 믿지 못한 사람들의 전형이라고 암시하는 듯하다.

일종의 도전이라고 할 수 있는 니고데모의 첫마디("당신이 정말로 하나님께로부터 오신 선생입니까? 그렇다면, 당신은 무슨 일을 하고 있습니까?")에 예수님은 불합리한 추론으로 응하신다. 요한복음에서 흔히 볼 수 있는 일이다. 예수님은 이렇게 말씀하고 계신 듯하다. "단도직입적으로, 본론으로 들어가자. 하나님 나라가 오고 있다. 이스라엘이 오랫동안 기다려 온 새날이 오고 있다. 하지만 그저 유대 지배층의 일원이라고 해서 그 새로운 세상에 당연히 들어갈 거라고는 생각하지 마라." 거기에는 다른 조건이 있다.

> 예수께서 대답하셨다. "내가 네게 엄중한 진실을 말하겠다. 누구든 위로부터 태어나지 않으면, 하나님 나라를 볼 수 없다"(요 3:3).

'위로부터'라고 번역한 말은 '새롭게'나 '다시'로 번역할 수도 있다. 하지만 이어서 예수님은 자신이 인간의 기원이 아니라 하나님에게서 '나셨다'고 말씀하시기 때문에(서두인 1장 12-13절과 18장 36절에서 나라에 대해 말씀하신 것처럼) 여기서는 '위로부터'가 주요 의미인 듯하다. 니고데모는 이에 반박한다. (이것도 요한복음에서 전형적으로 나타나는 대화다. 사람들은 예수님 말씀을 오해하고, 그때마다 예수님은 바로잡아 주신다.) 이 훌륭한 교사는 묻는다. 도대체 두 번째로 태어난다는 말씀이 무슨 뜻입니까?

예수님의 대답은 세례 요한이 시작했고 예수님이 친히 제자들에게 베푸신 세례를 떠올리게 한다(요 3:22). 이 세례는 하나님 나라 일꾼들, '새로운 출애굽' 백성, 물과 영의 백성, 하나님의 새날이 밝아오기를 고대하는 사람들, 세례 요한이 시작하고 이제 예수님이 이어 가고 계신 운동이 기폭제가 되기를 바라고 기도했던 사람들을 모집하는 방법이었던 것 같다.

> 예수께서 대답하셨다. "내가 네게 엄중한 진실을 말한다. 누구든 물과 영으로 말미암아 태어나지 않으면, 하나님 나라에 들어갈 수 없다. 육체는 육체에서 태어나고, 영은 영에서 태어난다. 너희가 위로부터 태어나야 한다고 내가 말했다고 놀라지 마라. 바람은 가고 싶은 곳으로 불고, 너는 그 소리를 듣는다. 하지만 너는 바람이 어디서 와서 어디로 가는지 모른다. 영으로 말미암아 태어난 사람은 바로 이와 같다"(요 3:5-8).

풍성한 영성의 핵심이 여기에 있다. 출애굽의 구름 기둥과 불 기둥처럼, 살아 계신 하나님의 강력한 임재가 물을 통과해 백성을 인도하시고 그들 가운데 거하러 오신다. 다른 점이 있다면 이제는 장막이 아니라, 성령을 통해 모든 신자의 내면에 거하신다. 새 창조가 일어나고 있다. 새 창조는 낡은 경계 표시에 연연하지 않고 놀라운 일들을 행하고 있다.

이렇게 해서 하나님은 새로운 가족을 부르고 계신다. 옛 가족들(아브라함의 육신의 후손)도 당연히 초대를 받지만, 그들이 거기에 호응하리라는 보장은 없다. 당시 유대의 모든 갱신 운동은 이렇게 생각했다. 하나님이 약속하신 새로운 일을 행하실 때 거기에 승차하지 않는 사람은 제외될 것이다. 요한은 서두에서 이미 그렇게 말했다. '그분의 백성'은 예수님을 맞이하지 않았지만, 그분을 맞이하는 사람은 누구나 '하나님의 자녀'라는 이스라엘의 호칭을 받을 자격을 얻었다. 그리고 "그들은 혈통이나 육체의 욕망이나 사람의 의지에서 태어나지 않고 하나님에게서 태어났다"(요 1:13). 이는 오늘날의 혼란스러운 영성 질문들에 궁극적인 대답을 제공한다. 하늘과 땅의 만남, '새로워진 참 인간'이라는 지고한 정체성, 창조주가 주시는 선물.

요한복음 4장에는 똑같이 주장하는 다른 대화가 나온다. 여기서 예수님은 사마리아 여자와 가벼우면서도 진지한 대화를 나누신다. 이번에도 이스라엘의 유산과 성전이라는 주제가 전면에 등장하고, 예수님은 새로운 예배, 새로운 영성, 새로운 친밀감에 대한 약속으로 그런 질문들을 간파하신다.

대화는 계속 이어져서 예수님이 여자의 슬프고 엉망진창인 개인사를 지적하시는 지점까지 나아간다. 그런 순간에 흔히 볼 수 있듯, 당황한 사람은 갑자기 대화 주제를 바꾼다. 대개 '종교적' 논란거리를 들먹이는 경우가 많다. 어색한 개인 문제에 집중된 관심을 분산할 수 있다고 믿기 때문이다. 그래서 결혼생활에 관해 질문을 받은 여자는 예수님께 성전의 차이에 대해 재빨리 질문한다. 여자는 자기 조상들은 사마리아에 있는 산(그리심산)에서 예배했는데, 유대인들은 예루살렘에서 예배해야 한다고 말한다고 이야기한다.

물론 훌륭한 유대인이라면 그 질문의 표준 답안을 알고 있다. 예루살렘은 이스라엘의 하나님이자 세상의 창조주가 그분의 이름, 곧 그분의 자비로우신 임재를 두시기로 한 장소였다. 하지만 예수님은 예루살렘을 자신이 실행하러 오신 새로운 실재를 가리키는 표지로 보신다.

> 예수께서 대답하셨다. "여자여, 나를 믿어라. 너희가 이 산에서도 예루살렘에서도 아버지를 예배하지 않을 때가 오고 있다. 너희는 알지 못하는 것을 예배한다. 우리는 아는 것을 예배한다. 알다시피, 구원은 실제로 유대인에게서 나온다. 그러나 참된 예배자들이 영과 진리로 아버지를 예배할 때가 오고 있는데, 실제로 이미 여기와 있다! 그렇다, 아버지께서는 이런 예배자들을 찾고 계신다. 하나님은 영이시고, 하나님을 예배하는 사람들은 영과 진리로 예배드려야 한다"(요 4:21-24).

이 대화는 니고데모와 밤에 나누신 대화와 나란히 놓고 보아야 한다. 그 박식한 유대교 교사는 유대인으로 태어난 것만으로는 부족하다는 사실을 깨달아야 했다. 무언가 새로운 것이 필요하다. 예레미야(31장)와 에스겔(36장)이 늘 약속했던 대로, 하나님 백성의 내면에 거하러 오시는 그분의 임재와 함께 전혀 새로운 방식으로 성경을 성취해 줄 무언가, 새로운 출애굽을 시작할 무언가, 새로운 언약이 필요하다. 그런가 하면, 사마리아 여자는 엉망진창인 개인사뿐 아니라 유대인과 사마리아인의 낡은 경쟁의식 너머를 보아야 한다. 하나님은 새로운 일을 하고 계시고, '예배'는 영과 진리로 드려야 할 것이다.

그렇다면 약속하신 성령은 요한복음 영성의 동력이라고 할 수 있다. 이는 오늘날 현대인들의 질문에 안도의 숨을 내쉴 만한 답을 준다. 과거에 무슨 일이 있었든지, 삶을 변화시키는 성령님의 사역은 모든 것을 새롭게 하실 수 있다.

이에 대해서는 할 말이 많아서 앞으로도 가끔 이 주제로 돌아올 것이다. 그러나 여기서 요한이 오늘날의 영성 논의에 기여하는 바는 이것이다. 낡은 의미의 '종교' 혹은 오늘날까지 사람들이 사용하고 있는 혼란스러운 방식의 '종교'는 잊어버려라. 1960년대의 혼란스러운 저항운동과 반저항운동들은 잊어버려라. 오늘날 서구 문화를 형성한 그 밖의 시기와 운동들도 잊어버려라. 제2성전기 유대인의 마음으로 생각하는 법을 배워라. 그들은 하늘과 땅이 만나도록 설계되었다고 믿었고, 예수라 불리는 이 젊은이가 하늘과 땅이 가장 극명하게 만나는 성전을 대체한 것을 깨달았다. 또 아낌없이 부어 주신 하나님의 성령이 토라, 곧 당신의 가장 깊은 생각, 느낌, 동기, 감정을 새롭게 하고 되살리는 율법의 자리를 대신한 것도 깨달았다. 이 하나님의 영 덕분에 당신은 마음에서부터 예배하고, 완전히 새로운 방식으로 하나님을 섬길 수 있다.

요한은 프롤로그 마지막 부분에서 “율법은 모세를 통해 주어졌고, 은혜와 진리는 메시아 예수를 통해 왔다”(요 1:17)라고 썼다. 이것이 바로 삶을 변화시키는 예수 중심의 진정한 영성이다. 이 영성은 오늘날 많은 곳에서 제공하는, 자기를 섬기고 심지어 자기도취에 빠진 유사 영성을 대체할 것이다.

이렇게 해서 우리는 정의와 사랑이라는 이정표에서 도달한 것과 똑같은 지점에 도달한다. 요한복음에서 예수님은 우리를 새롭게 하는 진정한 생수를 주신다. 그 물을 마신 사람들은 (내면의 해답을 찾으려고 애쓴 영지주의 성향을 포함하여) 지금까지 자신의 목마름을 해결하기 위해 무슨 수를 썼든 간에 그것들이 좋게 말해서 갈증을 해결해 주지 못하고, 최악의 경우에는 독이 가득한 것을 안다. 그러나 이 생수는 그 목마름이 실재를 가리키는 진정한 이정표였다고 확인해 준다. 예수님의 임재와 성령님의 능력은 인간으로 사는 것이 과거나 현재나 좋은 것이라고, 시간과 공간과 물질의 피조물이 과거나 현재나 좋은 것이라고 확인해 준다. 또 능력 있고 구원하며 치유하고 변화시키시는 하나님의 사랑이 온 세상과 우리를 새롭게 하고 계신다고 확인해 준다. 이것이 요한복음에 나타난 영성의 의미다. 그리고 이 점은 자연스럽게 다음 망가진 이정표를 가리킨다. 우리는 아름다운 세상에 살고 있지만, 추함이 최종 결정권자처럼 보일 때가 많다.

요한복음에 나타난 메시아

요한이 그리는 예수님의 모습에서 주요한 테마는 그분의 메시아 되심이다. 당시 유대 세계에는 메시아에 대한 단일 모델이 존재하지 않았다. 다양한 성경 출처에서부터 전사 왕의 개념이 도출되었다. 이런 전사 왕은 이스라엘의 원수를 물리치고, 성전을 짓거나 다시 세워 하나님이 오셔서 거하시게 하고, 세상에 평화와 정의를 가져올 것이다. 많은 사람이 예수님을 보고 혼란을 느낀 것도 그 때문이었다. 그분의 행동과 말씀은 놀라웠지만, 당시 사람들이 가지고 있었던 '메시아' 개념에는 맞지 않았다(요 7:31-52 참조).

그런데 바울처럼 요한도 실마리를 본다. 성경 두세 단락에서 오실 왕을 '하나님의 아들'로 말한다. 사무엘하 7장 12-14절, 시편 2편 7절, 89편 26-27절이 대표적이다. 예수님 시대 사람들도 이 유명한 성경 구절을 잘 알고 있었다. 하지만 우리가 아는 한, 이 구절들을 다음과 같은 개념과 연결한 사람은 아무도 없었다. 메시아가 나타나실 때, 그분이 이스라엘 하나님을 사람의 모습으로 '구현'하셔서 '아버지와 아들'이라는 표현이 그에 걸맞은 가장 적절한 표현이 되게 하시리라고 말이다.

하지만 초기 기독교 운동을 통해 이 결론에 도달하게 되었다.

초기 제자들은 그 결론이 예수님이 '내 아버지'나 '나를 보내신 아버지'에 대해 말씀하신 생생한 방식과 맞아떨어진다는 점을 금세 깨달았다. 우리는 그 점을 바울 서신과 여기 요한복음에서 특히 잘 볼 수 있다. 제대로 연구하려면 책 전체를 살펴야겠지만, 요한복음 앞부분과 뒷부분에 있는 두 단락만 살펴보려 한다.

1장 마지막에서 예수님은 새로운 제자 나다나엘과 이상한 대화를 나누신다. 나다나엘은 처음에는 의심이 많았다. 초반에 약간의 농담 후에["잠깐, 네가 무화과나무 아래 있는 것을 보았다고 하니 믿는다고 하느냐?"(요 1:50)], '엄중한 진실'의 순간이 온다. "하늘이 열리고, 하나님의 천사들이 인자 위에 오르락내리락하는 것을 너희가 볼 것이다"(요 1:51). 이 이상하고 복잡한 말씀은 예수님이 야곱 이야기를 암시하고 계신다는 것을 알면 실감이 난다. 야곱은 꿈에서 하늘과 땅 사이에 놓인 사다리를 보았다. 고대 세계에서 이런 생각은 하늘과 땅이 만나는 성막이나 성전의 사람들을 떠올리게 했을 것이다(창 28:10-22 참고). 그러나 여기서 예수님은 이제 '사다리'가 '인자'로 나타나신 '예수님 자신'이라고 말씀하고 계신다.

이 말씀도 혼란스럽기는 마찬가지다. 예수님 시대에 '인자'라는 표현은 단순히 '나'나 '나 같은 사람'을 뜻할 수도 있었다. 그러나 복음서 다른 곳들과 특히 요한복음에서 그 용례는 다니엘서 7장을 가리킨다. 거기서는 하나님의 진정한 백성을 대표하는 '인자 같은 이'가 고난받은 후에 높임을 받으셔서 '옛적부터 항상 계신 이' 옆에 있는 보좌에 앉으신다.

예수님이 나다나엘에게 하신 말씀은 아직도 모호해서 이해하기 어려울지 모르겠다. 그러나 요한복음 전체의 관점에서 예수님과 나다나엘의 대화를 읽으면 서서히 뜻이 통하기 시작한다. 나다나엘은 예수님이 정말로 메시아이신지 물었다. 예수님은 그것이 곧 분명해지리라고 말씀하고 계신다. 그러나 그 메시아 되심은 하늘과 땅이 하나 되게 하시는 소명, 과거에 성전이 한 역할을 이스라엘과 세상을 위해 하시는 소명을 통해 나타날 것이다. 이는 예수님이 "자신의 몸인 '성전'을 두고 말씀하신" 것이라고 설명하는 요한복음 다음 장에서 바로 확인된다.

요한복음의 종결부에도 똑같은 요점이 나타난다. 21장은 나중에 추가되었다고 보기에, 여기서 종결부는 원래 요한복음의 마지막인 20장을 가리킨다. 이 유명한 본문에서 도마는 못 자국과 창 자국을 보고 만지지 않고서는 예수님의 부활을 믿을 수 없다고 선언한다. 예수님은 얼굴에 미소를 띤 채 도마에게 그렇게 하라고, 보고 만져 보라고 말씀하신다. 흥미롭게도, 요한은 도마가 정말로 손을 내밀어 예수님의 상처를 만져 보았다고 말하지 않는다. 그냥 "나의 주 나의 하나님이시여!"(요 20:28)라는 도마의 말만 기록한다.

이는 요한복음 전체에서 누군가가 예수님께 '하나님'이라는 단어를 처음으로 사용한 장면이다. 요한은 하나님이신 말씀과 함께 시작되는 요한복음 첫 부분으로 우리를 데려가고 있다. 이제 그는 모든 것이 드러났다고 말하고 있다. 그런 다음에 '공식' 결론이 등장한다.

예수께서 제자들 앞에서 여러 가지 다른 표적을 행하셨지만, 이 책에 기록하지는 않았다. 하지만 이것들을 기록하는 것은, 하나님의 아들 메시아는 다름 아닌 예수이심을 여러분이 믿게 하려는 것이다. 또 여러분이 이 믿음을 가지고 그의 이름으로 생명을 얻게 하려는 것이다(요 20:30-31).

여기서 '여러분'이 아직 믿지 않은 사람들을 가리키는지, 아니면 이미 믿지만 계속해서 믿어야 할 사람들을 가리키는지를 두고 논란이 분분하다. 우리의 논의에서 그 문제는 별로 중요하지 않다. 오히려 마지막 문장의 명확한 초점이 무엇인지가 더 중요하다.

대부분의 번역은 그 문장을 이렇게 표현한다. "여러분으로 하여금 예수가 그리스도요 하나님의 아들이심을 믿게 하고." 다시 말해, 요한은 이렇게 말하고 있었을 것이다. "여러분은 예수님에 대해 들어 보았을 것입니다. 이제 나는 그분이 하나님의 아들 메시아이심을 보여 주었습니다." 하지만 헬라어 원문은 오히려 그 반대의 뜻을 강하게 암시한다. 요한복음 1장 35-51절에 나오는 안드레와 베드로, 빌립, 나다나엘처럼, 시편 2편의 '왕'이라는 의미에서 '인자'가 될 메시아에 대한 막연한 질문은 이미 존재한다. 그러나 이제 요한은 이 '하나님의 아들 메시아'가 바로 '예수님'이심을 보여 주었다. 이것이 요한복음이 증명하려 한 바였다.

이는 바울 서신에서처럼 요한복음에서도 '인자'라는 문구가 전에는 하지 않았던 역할을 하고 있다는 의미다. 전에는 아무도 그런 시도를 할 필요를 느끼지 못했기 때문이다. 그런데 이제 이 강력한 문구는 원래 구분되었던 두 의미를 하나로 묶는다. 유대 문헌에서 '인자'는 이스라엘을 가리키거나(호 11:1), 앞서 보았듯이 메시아를 가리킬 수 있었다. 때로는 천사 같은 존재를 지칭하는 데 사용하기도 했다(창 6:4; 욥 1:6). 그러나 예수님의 초기 제자들은 '인자'라는 문구가 이전에는 단절된 두 가닥을 하나로 합치는 자연스럽고 적절한 방식임을 깨달은 것 같다. 예수님은 끊임없이 '아버지'를 언급하셨고, 자신과 아버지가 '하나'요(요 10:30) 자신을 본 사람은 아버지를 보았다고 주장하시기까지 했다(요 14:9).

한편에는 이스라엘의 메시아 개념이 있었고, 다른 한편에는 이스라엘의 하나님이 그분의 오랜 약속을 성취하시기 위해 인간으로 오셔서 자기 백성 가운데 거하신다는 더 크고 이해하기 힘든 개념이 있었다. 그 하나님은 이 땅에서 어두운 악의 세력을 물리치고 이스라엘과 세상을 악의 손아귀에서 구원하시고 새 창조를 시작하실 것이다. 다시 말해, 요한은 1장 14절("말씀이 육체가 되어")을 통해 성육신에 확실한 '타당성'이 있다고 제안하듯이, 요한복음 전체에서 이스라엘의 메시아 곧 '장막을 치신' 하나님의 임재에 확실한 타당성이 있다고 제안하고 있다.

물론, 이 모든 개념이 마치 수학 공식이나 고에너지물리학이라도 되는 것처럼 다 끼워 맞출 수는 없다. 그러나 요한은 이스라엘 성경의 내러티브와 예언 안에서 이 모든 내용이 이치에 맞는다고 주장한다. 예수님을 바라보고 그분을 이스라엘의 메시아로 깨달을 때 우리는 살아 계신 하나님, 아브라함과 이삭과 야곱의 하나님, 이스라엘을 이집트에서 구해 내신 스스로 계신 분인 이 메시아가 마침내 자기 백성 가운데 오셔서 거하신다는 그분의 가장 큰 약속을 성취하셨다는 것도 깨닫게 된다. 메시아는 사람의 모습으로, 오랫동안 기다려 온 메시아의 형상으로 오셔서 그들을 구출하시고 새 창조를 시작하신다.

4장 아름다움

JUSTICE
LOVE
SPIRITUALITY
BEAUTY
FREEDOM
TRUTH
POWER
정의
사랑
영성
아름다움
자유
진리
권력

동트기 두 시간 전쯤, 이제 주기가 두어 날밖에 남지 않은 달이 남동쪽 하늘에 떠올랐다. 공기가 쌀쌀한 오늘 아침, 나는 구름 한 점 없는 맑은 하늘 아래 서 있었다. 내 위로 먼 옛날에 보낸 작은 메시지인 무한한 별들이 반짝이는 모습에 감탄이 절로 나왔다. 덕분에 요한복음에 나오는 사건들이 마치 어제 일처럼 느껴졌다. 가느다란 초승달이 낮게 걸려 있다. 왼쪽으로는 금성이 착륙하는 비행기처럼 밝게 빛나고, 오른쪽으로는 금성만큼 밝지는 않아도 나름의 아름다운 빛을 발하는 목성이 있다. 그만 집 안으로 들어가야 했지만, 이후로도 몇 번 더 들락날락했다. 태양이 떠오르는 사이, 거위 서너 무리가 잠에서 깨어 꽥꽥거리고 퍼덕거리면서 아침 여정을 시작했다. 거위들은 빛나는 초승달과 아직 사라지지 않은 행성들을 지나 날아갔다.

지금은 잔뜩 흐리다. 거위 떼는 떠나고, 밤의 영광도 사라졌다. 마음이 한없이 풍요로워지면서 동시에 슬퍼진다. 이토록 찬란한 아름다움은 금세 사라지고 만다. 물론, 아름다움은 돌아올 것이다. 그래도 늘 그렇듯, 이번만은 사라지지 않았으면 하는 갈망과 소망이 있다. C. S. 루이스는 봄이 거짓을 약속한다는 내용의 시를 쓴

적이 있다. 시에 등장하는 새들은 이번 여름은 영원히 계속된다고 노래한다.

물론, 달과 별이 날마다 정확히 똑같은 자리에 달려 있다면 그 매력이 사라지리라는 것을 잘 안다. 내 손녀가 평생 자라지 않고 영원히 피터 팬 같은 유년기를 보낸다면, 내 마음을 살살 녹이는 미소와 충동적인 애정을 항상 간직한다면, (다른 사람들처럼) 나도 아이에게 뭔가가 잘못되었다는 것을 알아차릴 것이다. 내가 가장 좋아하는 음악에서 가장 좋아하는 순간은 정확히 바로 '그때' 그 대목이 등장하여 바로 '그것'을 내게 말해 주기 때문이다. (들을 때마다 다른 방식으로 말을 건네기는 한다.) 그 순간은 처음에는 음악의 흐름 속에 응축되었다가 확장된 내 마음에 들어와 기억으로 남는다. 그건 어쩌면 '단순한' 기억에 지나지 않을지도 모른다고 말하려 했는데, 그 말도 틀릴지 모르겠다. 그 순간은 내 존재의 일부다.

그러나 그조차도 알쏭달쏭하다. 나 역시 달이나 거위나 교향곡처럼 찰나에 지나지 않는 존재다. 시편 기자가 말한, 내게 자연적으로 할당된 시간이 다하면, 아름다움으로 빚어진(동시에 죄와 어리석음으로 추해진) 나는 내가 온 흙으로 돌아갈 것이다. 그래서 전쟁 시인 윌프레드 오언Wilfred Owen이 "진흙이 크게 자란 것은 이 때문이었을까"라고 질문했을까?

모든 사람은 아름다움을 타고 난다. 사람들은 때로는 즐거움이 넘쳐 나는 듯 보이지만, 때로는 두려움과 냉정함이 느껴지는 세상에서 더 깊고 풍성한 의미를 찾는다. 아름다움은 사랑스러운 것에 대한 사라지지 않는 감각이다. 사랑과 비슷하면서도 사랑과는 다른 그 이상의 것에 대한 일시적이지만 매우 강렬한 통증이다. 아름다움은 단순히 진화상의 반전, 곧 사냥하거나 짝을 찾거나 위험을 피하는 인간 본연의 욕구를 반영하는 것이 아니다. 아름다움은 그분의 세상 가운데 계신, 살아 계신 하나님의 이상한 임재를 가리킨다.

그러나 죽음이 폭로하듯이, 아름다움이 어떤 의미에서 더 깊은 실재, 하나님의 진리를 가리키는 이정표라면, 그럼에도 그것은 망가진 이정표다. 우리가 사는 오염된 세상은 심미적인 이상이나 성스러운 이상에 미치지 못한다. 어쩌면 그래서 예술이 그렇게 어려운 작업이 되었는지도 모르겠다. 지난 세대의 젊은 영국 예술가들은 추함, 인생의 추악한 현실을 묘사한 것으로 악명이 높았다. 극작가 해럴드 핀터Harold Pinter의 표현을 빌리자면, 그들은 우리에게 "칵테일 장식장 아래 숨은 족제비"를 보라고 요청했다. 그런 운동은 요즘 세상의 가식을 조롱한다. 우리 사회는 감상주의와 꿈꾸는 공상에 대한 반작용으로 브루탈리즘brutalism으로 돌아갔다. 브루탈리즘의 콘크리트 블록이 요정의 성과 안락한 오두막이라는 낭만주의의 환상을 짓밟고 있다. 브루탈리즘은 우리의 정치 생활에도 침투하여 분열을 낳는다. '좋았던 옛 시절'에 대한 환상으로 돌아가고 싶어 하는 사람들과 그 '좋았던 시절'이 억압적이고 공허했다고 주장하는 사람들 사이에서 그런 분열을 흔히 볼 수 있다. 우리는 인생의 어두운 면을 너무 많이 보아서 이제 우리 사회라는 옷에는 그

이면밖에 없는 것처럼 보인다.

이런 전반적인 분위기를 두고 허무주의가 존재한다. 이 허무주의는 19세기 낭만주의의 죽음에 대한 사랑보다 훨씬 더 깊이 들어간, 일종의 죽음 숭배라고 할 수 있다. 철학자 테오도어 아도르노 Theodore Adorno는 아우슈비츠 이후에 사람은 시를 쓸 수 없다고 말했다. 그의 말은 이런 뜻인 것 같다. 정의처럼 아름다움이 세상에서 사라져 버렸기에 우리가 세상을 더 나은 곳으로 만들기 위해 애써서는 안 된다고 말이다. 사람들은 아우슈비츠에서는 오늘날까지도 새가 노래하지 않는다고 말한다. 어쩌면 인간이라는 새도 완전한 추함과 소위 문명화된 세계의 중심에서 공공연하게 드러난 (정치철학자 한나 아렌트의 표현대로) '악의 평범성' 앞에서 침묵해야 하는지도 모르겠다.

그러나 방법이 있을 것이다. 윌프레드 오언의 시에 곡을 붙인 벤저민 브리튼 Benjamin Britten의 〈전쟁 레퀴엠 War Requiem〉은 적어도 이 모든 비극에서 어둡고 근엄한 아름다움을 만들어 내려고 애썼다. 마치 베토벤의 현악 사중주 제1번이 《로미오와 줄리엣 *Romeo and Juliet*》의 비극적 결말을 떠올리게 하려는 세심한 시도였던 것과 같다. 아마도 아름다움의 역할 중에는 우리가 슬픔 가운데서 은혜를 찾도록 돕는 것도 있을 것이다.

그런데 이 깨지고 상한 세상 속으로, 아름다움을 소중히 여기시는 하나님이 오신다. 성경에 따르면, 이 하나님은 하늘과 땅을 창조하셔서 그분의 영광을 알리신다. 우리가 그 영광에 감탄하기를 바라셔서가 아니라, 그분의 넉넉한 사랑에서 그 영광이 흘러나오기 때문이었다. 게다가, 이 하나님은 이 균열된 세상 한가운데서 우리가 그분의 형상대로 창조되었고 하나님을 반영하는 이 소명을 회복할 수 있고 회복하고 있다고 우리에게 속삭이신다. 실제로, 이것이 신약 성경의 주요 테마다. 하지만 그 일은 어떻게 실현되고, 우리는 어떻게 그 과정을 이해할 수 있는가? 어떻게 해서 아름다움이 망가진 이정표가 아닌 다른 것이 될 수 있는가?

● 영광스러우신 하나님

언뜻 보기에, 성경은 아름다움에 관해 별로 이야기하지 않는 것 같다. 성구 사전에서 '아름다움'을 찾아보면, 몇 구절 나오지 않는다. 하지만 그리 많지 않은 이 구절들이 중요하다. 나는 재미보다는 교리를 찾아서 성경을 읽고 연구하는 엄격한 전통들이 그 얼마 안 되는 구절(꼭 '아름다움'이라는 단어를 사용할 필요는 없지만)마저도 걸러 냈을까 봐 염려스럽다. 출애굽기 후반부가 10세기 자료가 아니라 4세기 자료에서 왔는지 궁금해하고 후대 편집자가 가져온 본문이 어디인지 걱정하면서 시간을 허비하는 사람은 엉뚱한 데 집중하고 있는 셈이다. 마치 훌륭한 미술관에 가서 작품은 보지 않고 다양한 형태의 액자에만 집중하는 사람처럼 말이다.

하지만 어떤 관점에서는 출애굽기 후반부는 아름다움에 관한 내용으로 가득하다. 거기서 광야 성막을 의뢰하고 건축하는데, 성막의 생생한 색깔과 풍성한 장식은 삭막한 광야 한가운데서는 훨씬 더 눈에 도드라졌을 것이다. 요한복음은 처음부터 성막에 우리의 관심을 집중시킨다. 그는 말씀이 육체가 되셨고, 우리 가운데 "장막을 치셨다"고 말한다.

물론 요한복음은 이론이 아니다. 요한복음은 내러티브이고, 이 내러티브는 창세기와 출애굽기, 시편과 이사야의 주제와 줄거리에서 끌어온 위대한 히브리 전통 가운데 있다. '육체'가 되신 '말씀'은 여러 가지를 뜻할 수 있지만, 고대의 교양 있는 독자들은 고대 스토아주의와 플라톤주의의 '로고스*logos*' 개념의 관점에서 그 단어를 들었을 것이다. 그러나 요한복음 1장과 이후의 더 큰 맥락은 그 주요한 의미가 히브리 성경에서 왔다고 주장한다. 이 말씀으로 하늘이 창조되었다(시 33:6). 모든 '육체'는 시들지만, 이 창조하는 말씀은 영원하시다(사 40:6-8). 이 말씀은 비나 눈처럼 내려서 온 세상, 특히 옛 세상이 망하고 생기는 새로운 창조 세계에 하나님의 일을 성취하신다(사 55:10-11).

이런 문맥을 비롯하여 다른 많은 문맥을 떠올리게 하는 요한복음 프롤로그 자체가 시적인 절정에 달한다. 이 프롤로그는 창조주와 그분의 세상 이야기를 (세례 요한과 예수님이라는) 인간의 이야기, (믿고 하나님의 자녀가 되어야 할) 인간의 과제, '말씀이 육체가 되신' 지극히 인간적이며 영광이 가득한 이야기와 하나로 합친다. 세상에는 산문보다 시로 더 잘 표현할 수 있는 내용이 많다. 요한복음 프롤로그는 시와 유사한 격식 있는 산문이라고 할 수 있는데, 의미와 아름다움의 여러 가닥을 한데 합친다. 따라서 이 프롤로그는 우리를 아름다운 집으로 안내하는 대문 역할을 한다. 그 집은 복도마다, 방마다 더 많은 아름다움으로 가득 차 있다.

아름다운 창조 세계가 '하나님의 영광'을 끊임없이 가리키고, 예수님의 이야기가 그 '영광'을 드러내는 이야기라면, 우리는 그런 의미에 눈과 귀를 열고 이 이야기를 읽어야 한다. 그리고 여기 그런 이야기가 있다. 예수님과 친구들, 예수님과 어머니, 예수님과 낯선 사람들이 주고받은 뇌리에 남는 생생한 대화들. 예수님의 뜻밖의 행동과 뜬구름 같은 설명. 이 모두가 현실적인 1세기 이야기에 아름다움을 퍼뜨린다. 땅거미가 평범한 물건과 장면에 갑작스레 낯선 의미를 부여하듯이 말이다.

요한의 훌륭한 글쓰기는 이런 목적을 달성한다. 그는 예수님의 첫 번째 '표적'을 요약하면서 그분이 "자신의 영광을 나타내셨"다고 말한다(요 2:11). 예수님은 계속해서 그렇게 행동하셔서 가까운 이들, 혹은 적어도 그중 일부의 눈을 열어 주신다. 그다음 차원에서 요한이 이야기를 들려주는 방식은 독자들의 눈을 열어서 창조하는 말씀의 임재로 변화된 아름다운 창조 세계를 볼 수 있게 해 준다.

그러고 나서 요한은 하나님의 영광이 나타나셨다고 말하면서 성경의 풍부한 역사를 끌어온다. 출애굽기 28장에서 하나님은 모세에게 아론과 그 아들들을 위해 '영광과 아름다움을 위해서' (문자적으로) 아름다운 옷을 지으라고 명령하신다. (이 부분은 잠시 후에 다시 살펴볼 것이다.) 그런데 시편 기자는 출애굽기 28장 2절과 40절에 나오는 똑같은 단어 '티페레트*tiphereth*'를 사용하여 "주님의 성소에는 권능과 아름다움이 있다"(시 96:6)라고 노래한다. 이 히브리어 단어는 아주 드물게 쓰인다. 이 단어의 다른 용례는 우리가 '영예'나 '화려함', '웅장함'이라고 말하는 의미와 겹칠 때도 가끔 있다. 이렇듯 고대 히브리어는 '아름다움'이라는 개념을 현대 서양인들처럼 제한하지 않았다. 이 단어는 다른 주제들과도 잘 엮였는데, 그중에 가장 중요한 주제가 '영광'이다.

앞 장에서 지적한 대로, 예루살렘 성막과 성전에 거하러 오신 하나님의 영광이라는 개념은 히브리 성경의 더 광범위한 신학관의 일부였다. 여러 본문에서 얻을 수 있는 실마리에 따르면, 이렇게 성별된 건축물 안에 있는 영광스러운 하나님의 임재 자체가 우리가 아름다움이라고 부를 수 있는 무언가를 암시한다. 거대한 돌무더기 피라미드와는 비교가 되지 않을 정도로, 이 임재는 경이와 헌신, 사랑과 예배를 불러일으켰다.

누구나 다 아는 대로, 우리가 정말로 아름다운 사물이나 사람을 만날 때는 굳이 그 대상에 감탄하라고 '말할' 필요가 없다. 그런 대상을 보거나 듣는 것만으로도 그냥 '감탄에 빠지게' 된다. 또 다른 시편에서 바로 그런 일이 벌어진 것 같다. 시인은 하나님께서 아침과 저녁으로 그분을 찬양하게 만드셨다고 선언한다(시 65:8). 대기를 통과하면서 굴절된 햇빛은 한낮에는 필요 없는 낯설고 자극적인 성질을 아침과 저녁에 부여한다.

실제로 이런 생각이 소위 '자연신학'의 기초가 될 수 있다. 자연신학은 우리가 현세에 있는 것들을 묵상함으로써 하나님에 대한 영원한 진리를 추론할 수도 있다고 말한다. 그런 관점에서 시편 19편을 읽을 수 있을 것이다. 사실은 나도 오늘 아침 해가 떠오르기 직전에 달과 양쪽에서 달을 보필하는 (것처럼 보이는) 두 행성을 바라보면서 시편 19편을 생각했다.

> 하늘은 하나님의 영광을 드러내고,
> 창공은 그의 솜씨를 알려 준다.
> 낮은 낮에게 말씀을 전해 주고,
> 밤은 밤에게 지식을 알려 준다.
> 그 이야기 그 말소리,
> 비록 아무 소리가 들리지 않아도
> 그 소리 온 누리에 울려 퍼지고,
> 그 말씀 세상 끝까지 번져 간다(시 19:1-4).

첫 행에 나오는 '영광'은 무겁고 경이로운 것을 포괄하는 평범한 히브리어 '카봇*kabod*'이다. 하지만 이 단어는 놀랍도록 아름다우신 하나님의 임재를 뜻하기도 한다. 그러고 나서 '카봇'은 화학이나 수학 분석으로 얻을 수 있는 것보다 훨씬 더 크고 친밀한 무언가에 대한 낯설고 강력하면서도 미묘한 감정을 반영하거나 구체화하는 모든 것을 가리킨다.

여기, 이 모든 것 한가운데에 예수님 안에 계신 하나님, 육체가 되신 말씀이 계신다. 이 말씀은 하나님의 영광, 새 창조의 영광, 이전에는 잘 이해되지 않았던 성경에 약속된 영광을 고요히 드러내고 믿음을 요청하신다. "그리고 말씀이 육체가 되어 우리 가운데 사셨다. 우리가 그분의 영광…을 보았는데"(요 1:14). 우리가 숨을 죽이고 잠시 멈춘다면, 어렴풋하게나마 그 영광을 볼 것이다.

● 하나님의 형상대로

더 큰 성경 이야기를 한데 모아 보면, 인간이 아름다움을 갈망하는 한 가지 이유는 우리가 하나님의 형상대로 창조되었기 때문이라고 암시하는 몇 가지 실마리를 얻을 수 있다. '형상'이라는 개념은 '반영'과 관련이 있다. 인간에게는 창조주의 능력과 영광을 세상에 반영해야 할 소명이 있다. 이런 면에서 성경 메시지는 이스라엘의 주변 국가들에 만연한 사상과는 근본적으로 다르다.

피라미드를 다시 한번 생각해 보자. 노예였던 이스라엘 백성은 모세 시대에 이미 수천 년이 넘은 이집트의 대형 피라미드 중에서 가장 큰 것이 세상에서 가장 큰 구조물이라는 사실을 잘 알고 있었다. 앞에서도 보았듯이, 피라미드는 정말 거대하다. 하지만 인간미가 없고 비인간적이며 흉물스러운 이 구조물은 거기 묻힌 왕들과 그 문화에서 숭배한 신들의 순수한 권력을 모든 사람에게 선언한다.

이제 출애굽기 25-30장의 성막 묘사와 (금송아지를 예배한 끔찍한 반항 이후에) 35-39장의 실제 건축 과정을 생각해 보자. 두 본문에서 모두 눈에 띄는 점은 성막 건축과 함께 제사장, 특히 아론과 아들들의 복장과 기타 장신구 제작에 관해서도 상세하게 지시한다는 것이다. 위계질서에 반대하는 우리 세대는 한 가족을 그렇게 높이는 것에 본능적으로 저항할지 모르지만, 그러면 핵심을 놓치는 것이다. 이 구조에는 피라미드처럼 죽은 왕 대신에 산 제사장이 있다. 여기서 예배를 받으시는 하나님은 그분의 형상대로 인간을 창조하셨다. 제사장이 입는 화려한 의상은 이 하나님이 인류를 먼지 나는 광야에서 일으키셔서 "제사장 나라와 거룩한 민족"(출 19:6)으로 만들기 원하신다는 표시다.

그러니 우리는 출애굽기 25장에서 하나님이 모세에게 수많은 노예가 옮긴 거대한 돌덩어리들 대신에 크고 알록달록하고 반짝이는 아름다운 물질들을 모으라고 명령하시는 것을 보고 놀라서는 안 된다.

> 그들에게서 받을 예물은 이러하니, 곧 금과 은과 동과 청색 실과 자주색 실과 홍색 실과 가는 모시 실과 염소 털과 붉게 물들인 숫양 가죽과 돌고래 가죽과 아카시아 나무와 등잔용 기름과 예식용 기름에 넣는 향품과 분향할 향에 넣는 향품과 에봇과 가슴받이에 박을 홍옥수와 그 밖의 보석들이다(출 25:3-7).

건물과 가구와 제사장들의 복장을 호화롭게 묘사하고, (금송아지로 인한 안타까운 중단 사태 이후에) 호화롭게 제작한다. 본문 어디에도 "이 모든 것이 얼마나 아름다운지 보라" 같은 말은 없다. 조금 전에 언급한, 아론의 옷을 '영화롭고 아름답게' 만들었다는 언급만 예외다. 그런데 그것이 핵심이다. '훌륭했다', '아름다웠다', '멋졌다'라고 말하면 형편없는 작가다. 훌륭한 작가(요한은 분명 훌륭한 작가다)는 굳이 그렇게 표현하지 않고도 독자가 그 아름다움과 흥분을 느끼고 상상하게 만든다.

피라미드의 땅을 떠나 이제 광야와 황량한 시나이반도 한가운데서 삶을 충만하게 하는 아주 특별한 아름다움을 만들어 낼 노예 백성을 생각하면서 출애굽기 후반부를 읽어 내려가면, 우리는 이를 놀랍고 기념할 만한 성취로 보게 될 것이다. 성막은 눈과 코와 귀를, 특히 상상력을 즐겁게 하려고 만들어졌다. 성막은 위대한 예술과 기술이 어우러진 작품이어야 한다는 것이 핵심이었다. 성막의 건축과 장식에 참여한 사람들은 하나님이 계획하신 아름다움, 하나님이 의도하신 거하심, 이 '작은 우주', 그분의 명령으로 지어진 하늘과 땅이 만나는 건물에 참여함으로써 숭고해지고 있었다.

이것은 시작에 불과하다. 이 모두는 죽은 왕과 상상 속 지하세계에 있음 직한 그의 사후 존재를 위한 준비가 아니다. 살아 계신 하나님, 권능과 영광의 창조주, 오셔서 그분의 임재로 이 성막을 가득 채우실 분을 위한 준비다. 하나님은 아름다움을 기뻐하시고, 그분의 형상을 닮은 인간 피조물이 아름다움을 더 많이 창조하기를 원하신다.

이 주제는 또 다른 핵심 시편인 시편 8편에도 잘 나와 있다. 시인은 광활한 우주 가운데 있는 인간 생명의 신비를 깊이 숙고하면서, 인간이 천사보다는 조금 못하지만 "존귀하고*hadar* 영화로운*kabod* 왕관을 씌워 주셨습니다"(시 8:5)라고 선언한다. 이런 역할의 근거는 창세기 1장에서 하나님이 그들에게 주신 세상을 다스리라는 명령인데, 이 다스림은 하나님의 형상을 닮은 인간의 소명을 반영한다.

인간이 하나님의 형상대로 창조되었다는 사실은 요한복음 전체에서 하나님의 숭고한 임재가 '평범한' 세상에 침투하는 전반적인 방식을 가리킨다. 10장 1-18절에 나오는 선한 목자 이야기에서 이를 분명히 볼 수 있다. 목장에서 일하는 사람이 아니라도 이 이미지가 얼마나 아름다운지 느낄 수 있다. 이 이미지는 하나님이 "목자와 같이 그의 양 떼를 먹이시며, 어린 양들을 팔로 모으시고, 품에 안으시며, 젖을 먹이는 어미 양들을 조심스럽게 이끄"(사 40:11)시려고 오신다는 이사야의 묘사에서처럼 발전한다. (이 말씀은 에스겔 34장에 나오는 목자 왕에 대한 예언과 스가랴 11장 11-17절과 13장 7절에 나오는 훨씬 더 음산한 목자상과도 매우 유사하다.) 이 이야기에는 수많은 위험이 도사리고 있지만(예수님은 왕권을 주장하는 여러 경쟁 상대와 자신을 끊임없이 대조하고 계신다), 시의 힘도 가득하다.

예수께서 말씀하셨다. "내가 너희에게 엄중한 진실을 말한다. 누구든지 문으로 양 우리에 들어가지 않고 다른 길로 들어가는 사람은 도둑이요 강도다. 그러나 문을 통해 들어가는 사람은 양들의 목자다. 문지기는 그에게 문을 열어 줄 것이고, 양들은 그의 음성을 듣는다. 그는 자기 양의 이름을 부르며 밖으로 인도한다. 자기가 소유한 양을 전부 밖으로 데려간 뒤에, 그는 양들보다 앞서간다. 양들은 그의 음성을 알기 때문에 그를 따라간다. 양들은 낯선 사람을 따라가지 않는다. 양들은 낯선 사람의 음성을 알지 못하기 때문에 오히려 그에게서 달아날 것이다. … 나는 문이다. 누구든 나를 거쳐 들어오면 안전할 것이고, 들어가고 나가면서 풀밭을 찾을 것이다. 도둑은 그저 훔치고 죽이고 파괴하러 온다. 나는 양들이 생명을 얻게 하려고 왔다. 그렇다, 넘칠 만큼 충만하게 얻게 하려는 것이다"(요 10:1-5, 10:9-10).

이 본문은 그 자체로 충분히 아름다운 그림을 아름답게 표현하는데, 여기서 묘사하는 실재는 그보다 훨씬 더 아름답다. 그리고 들을 귀 있는 사람, 특히 요한의 성경 유산에 익숙한 사람들에게 그 실재는 평범한 이들(진짜 억압에 맞서 자신의 소명을 헤쳐나가는 진짜 인간, 진짜 사람들의 운명이 그의 말씀에 달려 있다)에게 비범한 것, 혹은 신적인 것이 펴지는 것이다.

에스겔 34장에서 이 땅에 오셔서 모든 것을 해결하실 '목자'가 누구인지 파악하려 애쓸 때 우리는 이 하나님의 임재가 인간의 현실로 펴지는 것을 깨닫게 된다. 이 목자는 처음에 그렇게 보인 것처럼 하나님이신가, 아니면 나중에 그렇게 보인 것처럼 앞으로 올

다윗 왕인가? 이유를 설명하기는 어렵지만, 나는 선지자가 "사실은 둘 다"라고 말하고 있다고 생각한다.

그리고 그런 중첩 가운데서, 마치 야곱이 하늘과 땅을 잇는 사다리 꿈에서 깨어나서 말했던 것처럼(창 28:16), 여호와께서 과연 여기 계신다고 갑작스레 깨닫는다. 숭고한 존재가 계신 것을 깨닫는다. 흔히 말하듯, 무언가 "더 큰 일이 벌어지고 있다"라고 느끼는 것이다. (이 시점에서 우리가 이런 모호한 언어에 의존한다는 사실이 곧 무언가 할 말이 있는데 그것을 표현할 적절한 단어가 부족함을 암시한다.) 조금 더 거창하게 표현하자면, 평범한 곳에서 초월성을 충만하게 느끼는 것은 살아 계시고 사랑과 신비와 기쁨이 넘치시는 창조주를 가리킨다. 창조주는 우리를 그분의 형상대로, 천사보다 조금 못한 존재로 만드셨다. 우리를 부르셔서 하나님의 세상에 그분의 사랑 넘치는 창조성을 드러낼 수 있도록 말이다.

● 부활의 아름다움

아름다움에 대한 요한의 몰두는 요한복음 11장에서 예수님이 나사로를 살리시는 감동적인 장면에서 전면에 등장한다. 이 이야기는 꼭 오페라로 만들어야 한다. 오페라에 필요한 요소를 모두 갖추고 있으니 말이다. 나는 나사로가 무덤에서 살아 나오는 절정을 처음부터 끝까지 죽음의 냄새가 배어나도록 구성한 방식에 이 이야기 전체의 아름다움이 있다고 생각한다. 예수님이 무덤 입구의 돌을 치우라고 말씀하셨을 때 마르다는 그 냄새를 두려워했다. 앞부분(요 11:1-16)에서 예수님은 나사로가 많이 아프다는 전갈을 받고도 이틀을 더 머무시기로 했다. 왜 바로 가시지 않았을까? 제자들은 베다니가 예루살렘과 가깝고, (예루살렘과 그 부근에 사는) 유대인들이 예수님을 죽이려는 계획을 세우고 있었기 때문이라고 생각했을지도 모른다. 예수님도 이를 부인하시지 않는다. 실제로, 나사로의 죽음만큼이나 예수님의 죽음도 이 이야기의 틀에서 중요한 부분이다. 도마가 평소처럼 우울하게 그런 상황을 요약해 준다. 도마는 "우리도 갑시다. 우리가 그와 함께 죽는 편이 낫습니다"(요 11:16)라고 말한다. 무대가 준비되었다.

하지만 이 이야기에서 가장 중요한 행동은 새 생명과 관련이 있다. 마르다와 마리아는 예수님이 더 일찍 오시지 않았다며 나무란다. 성마르고 날카롭고 비통한 대화가 이어진다. 우리가 그 대화 가운데 들어간다면, 절정에 가까워지면서 눈물을 흘릴 뻔한 사람은 예수님만이 아닐 것이다. 이제, 시편 기자를 노래하게 만든 그 특별한 빛으로 가득한 순간이 온다.

> 예수께서 말씀하셨다. "돌을 치워라."
>
> 죽은 사람의 동생인 마르다가 말했다. "하지만 주님, 냄새가 날 거예요! 벌써 나흘째입니다!"
>
> 예수께서 말씀하셨다. "믿으면 하나님의 영광을 볼 것이라고 내가 네게 말하지 않았느냐?"

그들은 돌을 치웠다(요 11:39-41).

이 시점에서 명민한 독자들은 알고 싶어 할 것이다. "그래서 냄새가 났나요? 안 났다면, 왜 안 났죠?" 요한은 대답 대신, 예수님이 그다음에 하신 일을 말해 준다. 그분은 기도하셨다. 간구("나사로를 다시 살려 주세요")가 아니라 '감사'의 기도였다. 사람들이 돌을 치울 때 이미 무슨 일이 벌어졌다. 예수님은 그분이 드린 기도, 죽음의 냄새가 그들을 감싸고 있던 그 어두운 이틀 동안 드렸던 기도의 답을 이미 알고 계셨다는 뜻이다.

아버지, 제 말을 들으시니 감사합니다! 아버지께서는 언제나 제 말을 들으시는 줄 압니다. 그러나 이 말을 한 것은 주위에 둘러선 무리 때문입니다. 아버지께서 나를 보내셨음을 그들이 믿게 하려는 것입니다(요 11:41-42).

이제 남은 일은 이미 벌어진 일을 공개하고 눈에 띄게 드러내는 것뿐이었다.

이렇게 말씀하신 다음 예수께서 크게 외치셨다.
"나사로야, 나오너라!"(요 11:43)

어쩌면 오페라보다 연극이나 영화가 나을지도 모르겠다. 잠시 멈

춘 순간을 상상해 보라. 모든 관객이 숨을 죽이고 있다. 바로 그때였다.

> 그러자 죽은 사람이 나왔다. 그의 손과 발은 세마포로 따로 묶여 있었고, 얼굴은 천으로 감싸여 있었다.
>
> 예수께서 말씀하셨다.
>
> "그를 풀어 주어, 가게 하여라"(요 11:44).

죽음의 세상 한가운데서 새 생명이 터져 나왔다. 그러나 죽음의 세상은 건재하다. 구경꾼 중에 일부는 예수님을 비판하는 사람들에게 소식을 전하러 달려갔다. 대제사장들은 재판도 하기 전에 먼저 모여서, 예수를 죽여야 한다고 뜻을 모았다. 이 모든 장면에서 드러난 아름다움은 강력한 생명의 약속이 여전히 죽음이 장악하고 있는 세상 속으로 터져 나온다는 점이다. 요한의 문학적 기교에서 그것은 요한복음 전체가 하는 일을 보여 주는 그림으로 기능한다.

요한이 의도한 대로, 이 모두는 예수님의 죽음으로 이어진다. 그분의 죽음은 하나님의 영광이 온전하고 최종적으로 드러나는 곳이다. 그것이 마지막이 아니라는 것만 제외하면 말이다. 예수님이 부활하셔서(나사로가 다시 산 것과는 조심스럽게 구별된다. 나사로는 수의를 입은 채 밖으로 나오지만, 요한복음 20장 6-7절에서 예수님은 신비롭게도 수의를 무덤에 두고 나오신다) 우리에게 새로운 시작이 있다. 이번에도 요한의 묘사는 세계 최고의 작품들이 하는 일을 한다. 그의 묘사 앞에서 우리는 할 말을 잊은 채 언어를 초월하는 아름다움을 묵상하게 된다.

> 한 주의 첫날 아주 일찍이 아직 어두울 때, 막달라 마리아가 그 무덤으로 갔다. 마리아는 돌이 무덤에서 굴러간 것을 발견했다. 그래서 시몬 베드로와 예수께서 사랑하셨던 다른 제자에게 달려가 말했다.
>
> "사람들이 주님을 무덤 밖으로 옮겼어요! 그분을 어디에 두었는지 모르겠어요!"
>
> 베드로와 다른 제자는 나가서 무덤으로 갔다. 두 사람은 함께 달렸다. 다른 제자가 베드로보다 빨리 달려가, 무덤에 먼저 도착했다. 그는 허리를 굽혀 그곳에 놓여 있던 세마포 옷을 보았지만, 안으로 들어가지는 않았다. 그 뒤에 시몬 베드로가 뒤따라와 무덤 안으로 들어갔다. 그는 거기 놓여 있던 세마포 옷을 보았다. 예수의 머리에 둘렀던 수건은 다른 옷과 함께 놓여 있지 않고 다른 곳에 따로 개켜 있었다.
>
> 그제야 무덤에 먼저 도착했던 다른 제자도 무덤 안으로 들어갔다. 그는 보고 믿었다. 알다시피, 그들은 예수께서 죽은 사람들로부터 다시 살아나야 한다고 성경이 말한 것을 아직 알지 못했다.
>
> 그런 다음 제자들은 집으로 돌아갔다(요 20:1-10).

여기에 나타난 예술성은 이런 게 아닐까. 아직 어스름할 때 사람들이 이리저리 뛰어다니는 매우 분주한 장면이지만, 우리는 이 분주함과 허둥지둥 이면에 아주 기쁘면서도 차분한 현실이 드러나고 있음을 내내 알 수 있다. 이 현실은 너무 즐거워서 엄숙하면서도 진지하고, 너무 광대해서 말로 다 할 수가 없다. 우리는 '인생사가 늘 그렇지 않은가?'라고 생각한다. 인간이 할 수 있는 일이라고는 암중모색뿐이다. 무슨 일이 벌어지고 있는지 잘 알지도 못하면서 이해하려고 애쓴다. 그런데 이 모든 것이 말이 안 된다고 생각하는 바로 그때, 하나님은 광대하고 능력 있는 일, 그리고 진정 아름다운 일을 행하신다.

따라서 요한의 부활 서사는 육체가 되신 말씀, 이 세상 한가운데 계신 거룩하신 분, 아름다움에 가장 확연하게 도전하는 것에서부터 드러난 아름다움, 죽음이라는 끔찍한 부패에 대한 무형의 감각을 일깨운다. 마리아와 다른 제자들이 그것을 깨닫지 못하는 것도 당연하다. 그러나 앞에서 요한복음에 나타난 성전과 성육신의 상관관계를 살펴보았을 때처럼, 요한의 부활 서사는 진정한 하나님이 어떻게 우리 가운데 거하기 원하시는지를 분명하게 설명해 주는 강력한 성경 전통 가운데 있다.

요한복음 서두에서 말씀이 육체가 되어 우리 가운데 '장막을 치신' 것을 기억하라. 요한은 지금 그리로 돌아가려 한다. 광야의 장막 한가운데 가장 깊숙한 곳, 그중에서도 가장 거룩한 곳에 지성소가 있었다. 거기에는 하나님의 '형상' 대신에 '언약궤'가 있었다. 언약궤는 토라를 새긴 돌판을 담아 둔 상자였다. 언약궤 뚜껑은 하나님이 임하셔서 자기 백성을 만나기로 약속하신 '속죄소'였다. 일 년에 한 번 속죄일에 대제사장은 지성소에 들어가 이스라엘의 언약의 하나님의 임재 가운데 머물렀다. 이것이 여기서 요한이 염두에 둔 내용인 듯하다.

속죄소 양 끝에는 속죄소와 똑같이 한 덩이 금으로 두 그룹을 새겼다(출 37:6-9). 성막 전체가 삭막한 세상과 반항하는 백성 가운데서 아름다움, 창조와 새 창조의 아름다움을 상징한다면, 이 성전 기구는 하나님이 자기 백성을 만나기 원하실 때 이것도 빛나는 아름다움의 순간이 되리라는 표시였다. 이제 요한은 그 이미지(하나님이 아름답고도 은혜롭게 그분의 백성을 만나는 장소인 속죄소 양쪽의 천사들)를 가져다가, 이스라엘의 하나님이 예수님 안에서 그 백성을 영원히 만나셨다고 우리에게 말해 준다. 하나님은 그분의 성막을 영원히 세우셨고, 그 놀라운 성막이 미리 보여 주는 새 창조를 시작하셨다.

> 하지만 마리아는 무덤 밖에 서서 울고 있었다. 마리아는 눈물을 흘리며 몸을 굽혀 무덤 속을 들여다보았다. 거기서 흰옷 입은 두 천사를 보았는데, 한 천사는 예수의 시신이 놓여 있던 곳의 머리맡에 있었고, 다른 천사는 발치에 있었다(요 20:11-12).

천사들은 마리아에게 왜 울고 있는지 묻고, 마리아는 이유를 설명한다. 하지만 사람들이 눈치채지 못할 뿐, 요한의 설명은 잘 보이는 곳에 이미 나와 있다. 마리아는 이스라엘의 슬픔을 구체적으로 보여 준다. 이집트에서 자녀를 빼앗긴 이스라엘 여인들의 슬픔, 바빌로니아 포로기의 절망, 시편에서 토로하는 아물지 않은 상처,

예레미야애가 전체에서 한 줄 한 줄마다 흐느껴 우는 비극적인 고통까지 거슬러 올라가는 기나긴 탄식을 말이다. 천사들은 여자에게 왜 우느냐고 묻는다. 어떻게 울지 않을 수 있겠는가? 어떻게 세상이 울지 않을 수 있겠는가? 요한의 글은 그에 대한 대답과 함께 아름다움의 내밀한 비밀을 구체적으로 보여 준다. 이 아름다움은 한낱 감상주의로 치부되길 거부하는 아름다움이자, 희망이라는 것이 존재했다는 생각을 통렬하게 비웃는 현실주의의 탈을 쓴 브루탈리즘이 거부하는 아름다움이다.

마리아가 말했다. "사람들이 내 주님을 옮겨갔는데, 그분을 어디에 두었는지 모릅니다."

이렇게 말하면서 마리아가 돌아서자, 거기에 예수께서 계신 것이 보였다. 마리아는 그가 예수이신 줄 몰랐다.

예수께서 마리아에게 말씀하셨다.

"여자여, 왜 우느냐? 누구를 찾느냐?"

마리아는 분명 그가 동산지기일 것이라 짐작하며 말했다.

"선생님, 만약 당신이 그분을 다른 곳에 옮겼다면, 어디에 두었는지 말해 주세요. 제가 모셔가겠습니다."

예수께서 "마리아야!" 하고 부르셨다.

마리아는 돌아서서 아람어로 "라부니!"('선생님'이란 뜻이다)라고 말했다.

예수께서 말씀하셨다. "내게 매달리지 마라. 내가 아직 아버지께 올라가지 않았다. 내 형제들에게 가서 '내가 내 아버지와 너희 아버지, 곧 내 하나님과 너희 하나님께 올라간다'고 전하여라."

막달라 마리아는 제자들에게 가서 "내가 주님을 뵈었어요!" 하면서, 예수께서 이 말들을 자기에게 하셨다고 전했다(요 20:13-18).

요한은 이 두 장면(1-10절의 두 제자와 11-18절의 마리아)과 함께 큰 그림의 원 상태로 돌아왔다. 이 그림은 20장 나머지 부분에서 완성될 테고 우리는 그 내용을 다시 살펴볼 것이지만, 이미 무슨 일이 벌어졌는지 알 수 있다. 이 모든 것은 새 창조의 사역이다. 그날은 '한 주의 첫날'이다. 모든 번역본의 20장 첫머리에 이 어구가 나오지는 않지만, 요한은 분명 그렇게 글을 쓴다. 그리고 19절 저녁을 묘사하면서 같은 표현을 반복한다. 이전 '주'의 일은 완성되었고, 이제 새 창조가 시작될 수 있다. 그리고 시작될 것이다.

이 부분은 이른 빛, 새 생명, '하나님의 자녀'가 되라는 초대, 그리고 무엇보다도 성육신하신 아들이 '거하시는' 임재 등 프롤로그를 떠올리게 한다. 동시에, 창세기도 강력하게 암시한다. 동산에서 마리아가 예수님을 만난 장면에서 이 '하와의 딸'은 이 '아담의 아들'을 동산지기로 생각하는데, 실은 맞는 말이기도 하다. 예수님은 이제 만물을 새롭게 하고 계신다. 새 창조의 첫 열매로서 자신 안에서 그 일을 하고 계신다. 자신의 새로운 권위를 통해 주변의 모든 생명에 새 창조를 불러오고 계신다.

이렇게 해서 이 장의 논의는 다시 원점으로 돌아간다. 아름다움과 초월적인 의미에 대한 인간의 욕구는 우리가 기대했던 것 이상으로 드러났다. 아름다움은 하나님이 주신 것이다. 우리를 그분의 임재로 다시 인도하도록 설계된 이정표다. '아~' 하고 우리는 한숨을 내쉬지만, 이야기는 어둠과 공포로 끝난다. 추함이 겹겹이 두껍게 쌓여 죽음의 먼지가 아름다움을 뒤덮어 버린다. 요한은 그렇다고 동의하면서도, 이제 창조주 하나님이 하시는 일을 보라고 말한다. 그분은 죽음을 통과하셔서 새 창조, 새 아름다움, 새 생명으로 향하는 길을 내신다.

요한은 이 이야기의 내용과 형식을 통해 아름다움에 관해 말하고 있다. 이 아름다움은 늘 그것을 만드신 분을 가리키고 있었지만, "세상은 그를 통해 지음받았으나, 세상은 그를 알지 못하였다"(요 1:10). 요한은 예수님의 이야기를 들려주면서 창조 세계와 함께 성막과 성전에 초점을 맞추는데, 이를 통해 그것들의 궁극적인 목적을 찾고 있었다. 그 목적은 다가올 날을 앞서 가리키는 것이다. 육체가 되신 말씀과 함께 아름다움이 성육신하여 만물을 새롭게 할 그날을.

논쟁만으로는 아름다움에 대한 인간의 인식과 즐거움에서 출발하여 창조주의 존재나 성품에 도달할 수 없다. 하지만 적어도 요한복음의 아름다운 문학성을 통해 예수님의 이야기 가운데 드러난 구속하시는 사랑의 아름다움을 맞닥뜨릴 때 우리가 세상의 모든 아름다움에서 받은 표지들이 진실을 말하고 있었다는 사실을 뒤돌아보면서 깨닫는다.

요한복음과 유대 절기

요한이 복음서를 전개하는 방식을 살펴보면서 눈에 띄는 점은 그가 나머지 세 복음서를 합친 것보다 더 많이 유대 절기를 언급한다는 점이다. 요한이 유월절을 어떻게 이야기하는지는 자유를 다루는 다음 장에서 더 자세히 살펴볼 것이다. 여기서는 그가 강조하는 다른 두 주요 절기를 살펴보려고 한다.

7장에서 초막절을 맞아 예수님의 가족은 예루살렘으로 올라가려 한다. 예수님은 가지 않을 것처럼 말씀하시지만, 다른 사람들이 올라가고 나서 혼자 비밀리에 가신다. 초막절은 출애굽 이야기의 한 부분, 이스라엘 백성이 광야에서 살 때 하나님이 바위에서 물이 나게 하신 사건을 기념한다. 해마다 초막절에는 성전 뜰에 물을 붓는 의식을 치렀다. 이런 맥락에서 예수님은 "누구든 목마른 사람은 내게로 와서 마셔야 한다!"(요 7:37)라고 초대하셨다. 이 말씀은 이사야 55장 1절을 떠올리게 한다. 앞에서 보았듯이, 요한은 이것이 예수님이 성령을 약속하신 것을 가리킨다고 해석했다.

그다음에 10장으로 가면 예루살렘은 겨울이다. 겨울에는 하누카*Hanukkah*라는 빛의 축제가 있다. 당시에는 여드레 동안 초를 여덟 개 밝혀서 하누카를 기념했는데, 이 전통은 오늘날까지 이어지고 있다. 이때 유대인들은 유다 마카베오Judas Maccabeus가 시리아의 왕 안티오쿠스 에피파네스Antiochus Epiphanes를 물리친 일을 감사하면서 그때를 되돌아본다. 안티오쿠스는 주전 167년에 유대 땅을 침략하여 성전을 헐고 이방 신상을 세웠다. 유대인들은 조상의 전통을 버리고 타협하든지 저항하든지 둘 중 하나를 선택해야 했다.

존경할 만한 노인 맛다디아Mattathias의 아들 유다 마카베오와 그의 형제들은 저항을 택했다. 3년 후인 164년 12월, 그들은 역사에 남는 유명한 승리를 거두어 성전을 깨끗하게 하고, 유대 지역에서 이스라엘을 한 분 하나님의 진정한 백성으로 다시 회복하는 일을 시작했다. 원래는 제사장 혈통인 유다와 그의 가족은 유대 민족이나 다윗 가문 출신은 아니었지만, 왕이 되었다. 이들에게는 다른 자격이 있었다. 성전을 정화하고 외부 압제자들을 제거한 일은 확실한 '메시아'의 임무였다. 유다의 후손인 하스몬 왕가는 이후로 수백 년간 유대를 다스렸다. 이들의 혈통이 끊기고 왕좌를 물려받은 헤롯 대왕은 하스몬 공주 마리암네와 정략적으로 결혼했다. 그는 자신과 자신의 후손이 진정한 '유대인의 왕'이 될 것이라고 주장하고 있었다.

이것이 요한복음 10장에 나오는 선한 목자 이야기의 배경이다. 왕조를 목자로 표현하는 것은 고대 세계에서 흔한 일이다. "내 앞에 온 사람은 전부 도둑이요 강도였다"(요 10:8)라는 예수님 말씀은 하스몬과 헤롯 왕가 등 때때로 나타나 메시아를 자칭하는 인물을 분명히 겨냥한 표현이다. 예수님은 그들이 모두 사기꾼이라고 말씀하신다. 그들은 진짜 적이 나타나면 도망가 버릴 삯꾼과 같다. 이런 맥락에서 예수님은 '선한 목자'에 관해 말씀하신다. 선한 목자는 양을 위해서 기꺼이 목숨까지 바치는 진정한 목자, 적합한 목자다. 조금 이상하지만 아주 확실하게, 이것이야말로 매우 중요한 메시아의 한 가지 자격이다.

이스라엘 절기의 성취라는 요한복음의 이 주제를 통해 요한이 하려는 일은 확실하다. 그는 아브라함에서부터 모세와 다윗, 선지자들을 거쳐 요한 당대의 유대 세계를 형성한 비교적 최근의 정치적 혼란과 그 이후까지 포괄하는 이스라엘 전체 이야기를 요약하는 방식으로 예수님 이야기를 들려주고 있다. 예수님은 그 모든 역사의 끝에 계신다. 이 모든 일이 그분 가운데 이루어졌다. 아무도 상상하지 못한 방식으로.

5장 자유

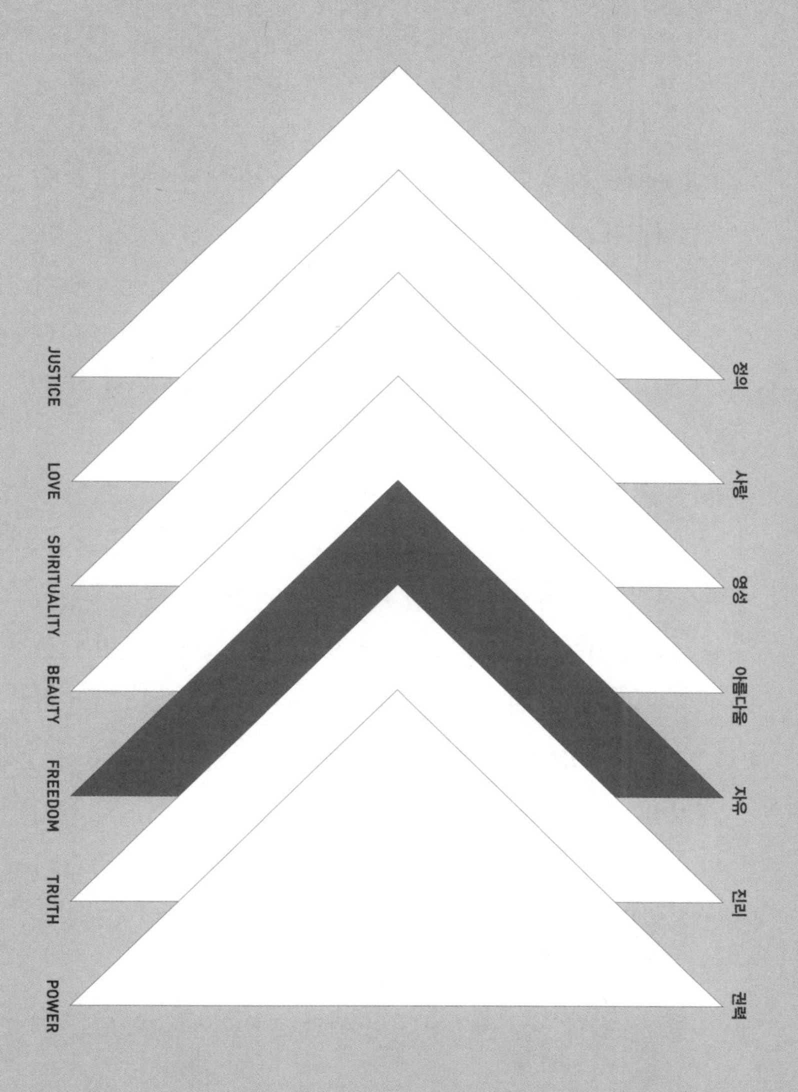
JUSTICE
LOVE
SPIRITUALITY
BEAUTY
FREEDOM
TRUTH
POWER
정의
사랑
영성
아름다움
자유
진리
권력

2011년, 북아프리카와 중동 지역 젊은이들 사이에 갑작스러운 운동이 벌어졌다. 좋은 교육을 받은 이 청년들은 자유와 민주주의, 여성 권익 등을 더 많이 요구했다. 서구 언론은 이 운동에 '아랍의 봄'이라는 이름을 붙였다. 당시 미국 국무장관이었던 힐러리 클린턴Hillary Clinton은 "역사의 오른편에 서는 것이 중요하다"면서 이 운동을 지지해야 한다고 주장했다. 서구 열강들은 "인간은 자유롭게 태어났지만, 어디에서나 사슬에 매여 있다"라는 장 자크 루소Jean-Jacques Rousseau의 진단과 그 사슬을 깰 수 있는 카를 마르크스Karl Marx식 처방의 저급한 버전이라고 할 수 있는 기이한 함정에 빠져들었다. 독재자 두어 명만 무너뜨리면 '자유'가 신선한 상품처럼 나타나서 더 행복하고 더 정의롭고 더 공정한 세상을 만들 것이라고 말한다. 그럴 수만 있다면 얼마나 좋을까.

구경만 하던 서구 열강들은 개입해서 그 과정을 돕기로 했지만, 더 큰 재앙만 불러왔을 뿐이다. 이 글을 쓰는 시점에는 이제 다른 나라 일에 개입하지 않기로 했지만, 우리는 여전히 그 영향을 목격하고 있다. 자유? 봄? 지금은 어느 것도 흔적을 찾아보기 힘들다. 언제든 안전한 서구 세계로 몸을 피할 수 있는 이들의 얕은 사상에 기댄 결과 오히려 혼란만 가득하다. 인간이 번영하려면 자유가 중요하다는 사실은 누구나 안다. 하지만 자유를 어떻게 정의하고 어떻게 얻을 수 있는지 알아내기는 어렵다.

개인 차원에서도 똑같은 혼란을 느낀다. 나처럼 나이 든 사람들은 아동복이나 교복을 벗고 똑같은 청바지나 티셔츠, 운동화로 '자유'를 표현하는 10대들을 보면 웃음이 난다. 조금 부정적인 측면으로는 담배와 술, 약물, 자유분방한 성 등 '자유'로 향하는 익히 알려진 단계들에 푹 빠지는 이들도 있다. 우리가 잘 알듯이, 약물을 사용할 '자유'는 결국 노예 생활로 빠지고 만다. 또 상담가라면 익히 알지만 많은 사람이 흔히 깜빡하는 것처럼, 여러 연애 관계와 성관계를 맺을 자유도 똑같은 결과를 낳는다. 일단 그 관계에 '빠지면', 심각한 노예가 되고 만다. 어느 한 부분에서 자유를 얻으면 다른 부분에서는 자유가 사라지는 대가를 치러야 한다. 둘 중 하나만 선택할 수 있다.

그래서 우리 사회에는 자유에 대한 오해가 가득하다. 외부의 억압'으로부터' 자유로운 것은 어떤 목적이나 목표를 '위해' 자유로운 것과는 다르다. 자유를 둘러싼 위대한 철학 논쟁도 마찬가지다. 가령 우리가 하는 모든 행동과 사고는 인간의 유전자와 환경에 작용하는 맹목적인 힘으로 '결정'되는가? 아니면, 내가 이 길로 마을에 가거나 저 길로 바다에 가는 것을 자유로이 선택할 수 있는 것처럼 '느끼므로' 그것은 단지 환상에 불과한 것인가?

물론 철저한 결정론자로 사는 사람은 아무도 없다. 특히 다음과 같은 사실을 깨달을 때는 그렇게 살기 힘들 것이다. 당신의 모든 생각이 '조건화'되어 '자유롭지 않다'면, 이 생각('나는 자유롭지 못하다. 내가 생각해야 한다고 조건화된 것만 생각할 뿐이다'라는 생각) 역시 다른 무언가 때문에 자유롭지 못한 생각이다. 그런 생각이 끝없이 이어지면 당신은 미치고 말 것이다. 그러나 만약 내가 '자유롭다면', 그것은 내가 아무 확실한 이유도 없이 떠도는 임의의 아원자 입자 같다는 뜻인가? 그 역시 기분이 좋지 않고, 믿기도 힘들다.

인간의 경험을 보면, '자유'와는 거리가 멀어 보이는 방식을 통해 자유가 드러날 때가 많은 것 같다. 연주자는 다루는 악기의 음계와 주법을 충분히 배우고 연습했을 때만 즉흥 연주나 작곡을 할 수 있는 자유가 생긴다. 재즈나 그와 비슷한 음악의 연주자들이 즉흥 연주를 할 때 사람들은 그들이 무작정 음악을 만들어 낸다고 생각한다. 머릿속에 처음 떠오르는 악상을 그대로 연주한다고 말이다. 절대 그렇지 않다. 재즈는 클래식 음악과 마찬가지로 숙련된 연주자들만이 연주할 수 있다. 이들은 현재 곡의 진행 상황을 정확히 파악하고, 서로의 연주에 집중해서 귀 기울이면서, 정확한 순간에 정확한 건반에 반복구와 특이한 경과부가 오도록 연주한다. 이런 표현법에 익숙하지 않은 사람들에게는 이상한 소리의 조합으로 들리겠지만, 나름의 심오한 일관성이 있는 것이다. 이것이 자유와 혼돈의 차이다.

모든 사람이 사회나 개인에게 자유가 중요하다는 것을 알지만, 자유의 진정한 의미를 파악하기가 어렵다면, 어디서 도움을 얻을 수 있을까? 성경은 자유를 갈망하는 인간의 본능이 하나님의 임재에 대한 인식과 연관이 있다고 말한다. 죄와 우상숭배'로부터'의 자유와 사랑받기 '위한' 자유 모두 하나님이 그 백성에게 원하시는 핵심 이야기다. 요한이 복음서에서 들려주는 이야기는 바울 사상에 깊숙이 엮여 있는 이야기와 마찬가지로 어떻게 창조주 하나님이 새로운 자유뿐 아니라, 새로운 '종류'의 자유를 주셨는지에 관한 이야기다. 출애굽은 이스라엘의 과거 역사 속 사건일 뿐 아니라, 온 창조 세계를 위한 약속, 예수님이 그분을 따르는 이들을 위해 실현하신 약속이다.

● 유월절 자유 이야기

사실, 사람들은 히브리 성경의 전체 이야기가 이스라엘이 자유를 찾아가는 이야기라는 점을 충분히 인식하지 못하는 것 같다. 창세기와 출애굽기에서 아브라함 가문은 수많은 문제에 부딪히지만, 가장 큰 문제는 이집트에 노예로 끌려간 것이다. 그 해답이 출애굽인데, 이스라엘 백성은 매년 유월절에 이 일을 기념한다. 이후로 유대 민족은 모세오경과 예언서와 시편, 그리고 절기를 통해 야웨의 신실하심을 끊임없이 되새겼다. 과거에 위대한 해방을 일으키신 하나님이 다시 한번 그들을 해방시키실 것이다.

예수님 시대보다 수백 년 전의 유대 백성 이야기를 할 때 우리는 정치적·사회적 대격변, 곧 페르시아, 그리스, 이집트, 시리아, 로마 등 제국의 성쇠를 강조하곤 한다. 하지만 유다와 갈릴리를 포함하여 당시 세계에 흩어져 있었던 유대 공동체에 사는 대부분의 유대 가정들에서는 역사가 기록한 큰 권력들을 통해서가 아니라 안식일과 유월절을 비롯한 다른 절기들 그리고 (가능했을 때는) 예루살렘 순례를 통해 날마다, 달마다, 해마다 자신들의 생각을 형성해 갔다는 사실을 잊어서는 안 된다. 그들은 다윗성에서 절기를 지키고, 또 다른 다윗이 일어나기를 기도했다. 제2의 유월절을 실현하고 새로운 출애굽을 불러올 분이 나타나서 현재의 노예 상태에서 영원히 해방해 주시기를 고대했다.

요한은 2장에서 예수님이 유월절 무렵에 예루살렘으로 올라가셨다고 설명한다. 가나의 결혼식과 성전에서의 행동 등 2장에 나오는 다른 모든 사건처럼 이 말씀은 요한복음 전체에 중요한 의미가 있다. 유월절은 과거나 지금이나 가장 큰 유대 절기다. 처음 시작되고 발전하는 과정에서 유월절은 계속해서 농경과 연관이 있었다. 유월절 후 이틀째 되는 날은 '초실절'로, 앞으로 거둘 소출의 첫 열매와 기대감을 하나님 앞에 가져온다. 이는 초기 교회에서 예수님의 부활을 모든 사람의 부활과 새 창조라는 다가올 '수확'의 '첫 열매'로 기념한 이유이기도 했다(고전 15:20-28 참고).

그러나 어린양을 바치고 무교병을 먹는 유월절에는 항상 농경 절기 이상의 의미가 있었다. 출애굽기 12장 이후로, 유월절은 하나님이 자기 백성을 이집트의 종살이에서 구원하신 것을 기념하는 날이었다. 오늘날까지도 유월절 의식은 모세와 바로의 만남과 이집트에 내린 재앙에서부터 홍해를 건넌 사건과 약속의 땅을 고대하던 광야 생활에 이르기까지 이 위대한 이야기를 재현한다. 유월절은 할 수만 있으면 모든 가솔이 참여하여 의식을 지키는 절기였고, 창조주의 언약적 신실하심을 통해 이스라엘은 자유의 백성이라는 믿음이 이 예배자들의 마음속에 늘 각인되어 있었다. 따라서 이후로 어떤 종류든 그들이 노예 생활을 경험한다면, 그것은 하나님이 곧 해결하시고 바로잡으실 일종의 범죄 오류로 여긴다.

그러므로 예수님 시대 유대인들이 예루살렘에서 유월절을 기념할 때는 단순히 오는 해의 풍작을 고대하는 것이 아니었다. 그들은 이렇게 말하고 있는 셈이었다. "하나님이 우리를 이 모든 노예 생활에서 해방하셨으니, 그분이 다시 한번 우리를 해방하실 줄로 기대합니다!" 이 때문에 우리는 모든 사복음서에서 희한한 관례를 볼 수 있다. 바로 로마 총독이 유대 백성의 요청에 따라 죄인 한 명을 풀어 주는 관례다. 이것은 이 절기의 의미를 보여 주는 작은 표지다. 로마인들 편에서는 마지못해 죄인을 내주는 것일 수도 있지만, 그들은 매우 실용주의적인 통치자들이었다. 유대인들에게 약간의 '자유'를 허용해 주고 입을 다물게 하는 식이었다. 죄인 한 명이 풀려난 것 정도로는 황제에게 큰 염려를 끼치지 않을 테니 말이다.

요한은 두 번의 유월절을 더 언급하고, 그 의미를 활용한다. 첫 번째는 6장에서 예수님이 광야에서 수많은 청중을 먹이신 때다(요 6:4). '하늘에서 내려온 빵'에 대한 온갖 반전이 가득한 이 기나긴 장 내내 우리는 출애굽 이야기를 확실히 머릿속에 의식할 수밖에 없다. 제자들은 물 위를 걸으시는 예수님을 보고 야웨가 홍해를 가르신 사건을 떠올렸을 것이다(요 6:16-21). 이스라엘 백성은 자기들 조상이 광야에 있을 때 모세를 통해 하늘에서 빵을 주었다고 말하는데, 예수님도 똑같은 기적을 베푸시는 듯하다(요 6:31-35). 하지만 예수님은 그저 모세 같은 예언자가 아니다. 그분은 사람들에게 빵만 주시지 않는다. 그분이 곧 빵이다. 사람들은 이해하지 못한다. 세 번째이자 마지막 유월절이 될 때까지도 이해하지 못할 것이다.

예수님이 유월절을 택하여 예루살렘에 올라가고 자신이 할 일을 하셨다는 점은 그분과 초기 기독교 운동 전체를 이해하는 데 굉장히 중요하다. 예수님은 이 일을 위해 다른 절기(속죄일조차)를 선택하시지 않았다.

마지막 유월절은 요한이 복음서 후반부를 여는 13장 1절에 나온다. 요한이 마지막 만찬(과 발을 씻기신 일)을 유월절 식사로 보았는지(마가복음, 마태복음, 누가복음에서는 확실히 그렇다), 아니면 (예수님의 십자가 처형을 앞두고 유월절 양이 희생되는 것처럼, 시간 순서가 아주 세심하게 설계되어 있으므로) 단순히 준비하는 식사로 보았는지는 꽤 오래된 질문이다. 어쩌면 요한은 예수님이 유월절을 의도적으로 일찍 기념하고 계신다는 뜻을 내비친 것인지도 모른다. 하지만 그것이 핵심은 아니다.

모든 초기 그리스도인과 요한에게, 예수님이 십자가형을 앞두고 하신 행동과 하나님 아버지가 그분을 죽은 자들 가운데서 일으키실 때 선언하신 말씀은 '유월절이 빚은 메시지'였다. 그것은 마침내 진정한 자유를 얻게 되었고, 가장 큰 바로를 타도했으며, 이제 진정한 성전을 세우고 진정한 토라를 지키고 최후의 유산을 주장할 때라는 소식이었다. 이 모두가 요한복음에 나오는 세 차례 유월절, 특히 마지막 유월절 배후에서 진행되고 있는 일이다.

● 죄와 우상숭배로부터의 자유

요한은 유월절을 강조함으로써 자기 백성을 외부의 억압적인 통치자와 제도로부터 해방하시려는 하나님의 열심을 반복해서 보여 준다. 그러나 하나님은 한 사람 한 사람의 마음에도 관심을 두신다. 우리는 내면의 자유가 요한복음의 주요한 주제요 논란이 많은 주제라는 것을 알고 놀라서는 안 된다.

> 그러자 예수께서 자기를 믿은 유대 사람들에게 말씀하셨다.
>
> "너희가 내 말에 머물면, 참으로 내 제자가 될 것이고, 진리를 알 것이며, 진리가 너희를 자유롭게 할 것이다."
>
> 그들이 대답했다. "우리는 아브라함의 자손입니다! 다른 사람의 종이 되어 본 적이 없습니다! 그런데 어째서 선생님은 '너희가 자유로워질 것이다'라고 말씀하시는 것입니까?"
>
> 예수께서 대답하셨다. "내가 너희에게 엄중한 진실을 말한다. 누구든 죄를 짓는 사람은 죄의 종이다. 종은 집에서 영원히 살지 못한지만, 아들은 거기서 영원히 산다. 따라서, 알다시피, 아들이 너

희를 자유롭게 하면, 너희는 참으로 자유로워질 것이다"(요 8:31-36).

실제로, 8장 하반부는 아브라함의 진정한 자손이 누구냐는 질문(갈라디아서와 로마서가 잘 보여 주듯이, 초기 교회 많은 성도를 계속해서 괴롭히던 질문)을 다룬다. 그런데 여기서 출애굽이라는 주제, 자유라는 주제와 관련하여 그 질문은 갑자기 분명해진다. 예수님은 이 시점까지 '자기를 믿은' 사람들에게 그분이 오랫동안 기다려 온 자유를 주실 것이라고 설명하(려 애쓰)고 계신다. 그러나 그 자유는 그들이 기대한 모습과는 다를 것이다.

그들은 처음에는 믿기 힘들어한다. "우리는 … 다른 사람의 종이 되어 본 적이 없습니다!" 당연히, 말도 안 되는 소리다. 그들은 발끈하고 있다. 이스라엘이 이집트에서 노예였다는 것이 이스라엘의 핵심 내러티브인 출애굽 이야기다. 바빌로니아와 포로 생활이라는 또 다른 가슴 아픈 긴 이야기 역시 노예 생활이 아니고 무엇이었다는 말인가. 예수님 시대 많은 사람은 그런 종살이가 다양한 형태로 그때까지 계속되고 있다고 보았다.

예수님은 이런 이상한 모순을 무시하고, 곧장 전혀 다른 종류의 '종살이'를 말씀하신다. "누구든 죄를 짓는 사람은 죄의 종이다"(요 8:34). 그분은 단숨에 유대 전통에서 익히 잘 알려진 종살이의 개념을 마음의 병으로 바꾸고 계신다. '외형적인' 종살이가 중요하지 않다고 말씀하시는 것이 아니다. 오히려 니고데모에게 하신 말씀과 유사하게 그분의 말씀을 듣는 이들이 내면 깊숙한 곳에 있는 종살이를 깨닫도록 도전하고 계신다. 이런 형태의 노예 생활을 하는 사람은 아브라함의 진정한 가족이 될 수 없다. (나는 이것이 종은 '집에서' 영원히 살지 못한다는 말씀의 핵심이라고 생각한다.) 그렇다면 이런 새로운 종류의 종살이 개념은 어디서 왔는가?

예수님의 다른 획기적인 사상과 마찬가지로 그것은 이스라엘 성경에 나타난 여러 암시에서 왔다. 예레미야는 "만물보다 더 거짓되고 아주 썩은 것은 사람의 마음이니"(렘 17:9)라고 말했다. 예레미야는 단순히 정치적으로 힘이 없거나 지도력이 부족한 것이 당시 이스라엘의 진짜 문제는 아니라고 보았다. 그들의 문제는 훨씬 더 뿌리가 깊었다. 예수님도 다른 곳에서 그 점을 지적하시면서 사람을 '더럽히는' 마음의 병에 대해 경고하신다(막 7:20-23).

에스겔도 이스라엘을 포로로 만든 외적인 문제들의 뿌리를 살피고, 그들에게 다른 '종류'의 마음이 정말로 필요하다고 정의한다(겔 36장). 이런 예레미야와 에스겔 배후에 신명기 30장이 있다. 신명기 30장은 이스라엘이 온 마음과 뜻을 다해 하나님께 돌아가면 하나님이 그들의 마음에 '할례'를 베푸사 진심으로 그분을 사랑하고 섬기게 하시리라고 약속한다. 신명기 27-29장의 이야기를 고려해 볼 때 이 말씀은 이스라엘 백성에게 닥칠 종살이와 유배가 마침내 끝날 것이라는 뜻이다. 다시 말해, 이는 예레미야 31장과 마찬가지로 '새 언약'에 대한 약속이다.

요한복음 이곳과 다른 곳에서 확실히 예수님은 죄를 개인의 잘못된 행동보다 더 큰 무언가로 여기신다. 예수님도 바울처럼 죄를 어떤 '힘'으로 이해하시는 듯하다. 권력에 관해서는 이 책 마지막 장에서 좀 더 자세히 살펴보겠지만, 여기서는 이 이상하지만 중요한 단락에서 그것이 무슨 의미인지 알기 위해 이 점은 짚고 넘어가야 할 것 같다. 예수님은 어떤 사람이 죄를 지을 때 그것이 단순한 도덕적 결함이 아니라고 말씀하고 계신다. 죄는 어쩌다 저지르는 실수가 아니다. 누군가 혹은 무언가의 지배를 받고 있다는 표시다. 이미 저항력이 약해져 버린 탓에 자극이 오면 그냥 따라간다. 주인이 명령을 내리면, 무기력하게 잘못된 길을 따라 내달릴 뿐이다. 그러다 어느 시점에선가는 그 길이 올바른 길이라고 스스로 설득당할지도 모른다. 마치 조지 오웰George Orwell의 소설 《1984*Nineteen Eighty-Four*》의 주인공 윈스턴 스미스처럼 말이다. 그는 결국 불평등한 싸움을 포기하고 빅 브라더를 사랑하게 되었다. 예수님이 말씀하고 계신 내용이 바로 이것이다.

그렇다면 사람들을 사로잡은 이 어두운 힘은 무엇일까? 예수님은 이 힘이 자기 백성, '아브라함의 자손'이라며 자랑스러워했던 그 백성을 사로잡은 것을 보셨다. 여기서 벌어지고 있는 일을 설명해 주는, 성경에 나오는 더 큰 범주가 우상숭배다. 우상은 사람들이 인식하지 못할 때 더 큰 힘을 발휘하는데, 인간이 한 분 하나님보다 더 중요하게 여기고 충성을 바치는 대상은 무엇이든 우상이 될 수 있다.

왜 우리는 우상을 섬길까? 우상은 항상 조금 더, 어쩌면 많이 더 약속하기 때문이다. 우상은 좋은 것, 하나님의 선한 창조 세계에서 좋은 일부분에서부터 출발한다. 하지만 그 좋은 것이 사람들의 관심을 끌면서 그것이 적절히 줄 수 있는 것 이상을 제공하기 시작할 때 희생을 요구하기 시작한다. 그렇게 되면 이 새로운 우상이 무엇이 됐든 그에 걸맞지 않은 관심을 주기 위해서 하나님께 드려야 할 충성, 때로는 이웃과 가족, 다른 의무에 주어야 할 충성을 포기해야 한다.

우상은 중독성이 강하다. 우리는 이 사회에 가득한 여러 중독을 익히 잘 알고 있다. 50년 전과 비교할 때 담배에 중독된 사람은 많이 줄었지만, 지금은 그와 똑같은 종류의 강박(때로는 파괴적인) 행동이 술과 대마초를 비롯한 약물은 물론, 스마트폰, 소셜미디어, 페이스북 등 전자 매체와 관련해서도 나타난다. 잘 알다시피, 특정한 관점으로 자신을 규정하고 자신이 만든 이미지에 맞추어 살아가려고 애쓰다 보면, 그런 것들이 자신을 파괴할 수 있다. 이런 형식의 중독은 루터가 정의한 죄의 전형적인 예가 될 수 있다. "인간은 자기 자신에게만 푹 빠져 있다." 과학 기술은 다양한 방식으로 사람들을 하나로 모아 줌으로 축복이 될 수 있다. 그러나 최신 분석에 따르면, 진짜 사람을 만나는 진짜 관계야말로 자유의 한 형태라고 할 수 있다. 화면으로 만나는 반쪽짜리 관계는 노예 생활로 빠지는 단계가 될 수 있다.

이런 것들이 현대의 중독이라고 하면, 고대에도 그와 비슷한 중독이 있었다. 예수님의 공생애와 그분이 당대 사람들에게 공공연하게 혹은 암시적으로 말씀하신 도전들을 살펴보노라면, 그분이 무슨 생각을 하고 계셨는지 알 수 있을 것도 같다. 예수님 시대 유대인들이 자유를 바랐던 핵심에는 로마와 다른 모든 사람으로부터 정치적으로 독립하고자 하는 열망이 있었다. 예수님 시대에 높은 자리에 있던 사람들은 이스라엘 땅과 예루살렘성, 무엇보다도 성전을 외부 오염으로부터 깨끗하게 해야 한다고 말했다. 그렇게 해서 유대인들이 자신이 부름받았다고 알고 있는 하나님의 거룩한 백성이 될 수 있다고 믿었다.

하지만 그런 열망은 외부인들을 제거하고, 세금도 내지 않고, 자랑스러운 독립 민족으로 살고자 하는 욕구로 빠지기 쉬웠고, 실제로도 자주 그랬다. 이는 세상의 빛이 되고, 세상을 위해 택함받은 '왕 같은 제사장'이 되어, 선지자들이 그 이름이 이스라엘을 넘어 온 땅에 드러나리라고 약속한 하나님을 증거하라는 이스라엘의 소명을 잊어버린 형국이었다(말 1:5, 11, 14). 국가에 대한 우상숭배도 있는데, 요한은 11장에서 대제사장들과 바리새인들이 그 우상을 숭배한다고 묘사한다.

> "우리가 어찌하면 좋겠소? 이 사람이 많은 표적을 행하고 있으니 말이오. 이대로 계속 그를 내버려 두면, 모두가 그를 믿게 될 것이오! 그러면 로마인들이 와서 거룩한 곳과 우리 민족을 강탈할 것이오!"

그들 중 하나인 그해의 대제사장 가야바가 말했다.

> "당신들은 아무것도 모르오! 제대로 이해하지 못했소! 당신들에게 가장 유익한 일은 바로 이것이오. 민족 전체가 없어지느니, 차라리 한 사람이 백성을 위해 죽게 하시오."(요 11:47-50).

어떤 사람은 '거룩한 곳'이 진짜 관심사였다고 말할지도 모른다. 그러나 우리가 예수님 시대 예루살렘 성전에 대해 아는 것과 다른 많은 유대인이 성전에 대해 생각한 것에 비추어 볼 때, 이 장면에 등장한 사람들에게 성전은 거룩하시고 사랑 많으신 하나님, 창조주 하나님을 만나러 가는 장소라기보다는 개인 권력의 핵심이었다. 성전은 국가의 자존심과 지위와 안정감을 상징하게 되었다. 요즘 세상도 마찬가지다. 권력은 보편적인 유혹이다. 하지만 우리는 우상숭배의 뜻을 이 이야기에서 더 잘 볼 수 있다. 우상숭배는 필요하다면 인간도 희생할 준비가 되어 있다는 의미다. 그리고 교회에서 평생 일한 사람들은 목회자와 교사, 신학자 등 교회 지도자들도 다른 직업을 가진 사람들과 마찬가지로, 그와 똑같은 종류의 유혹이 늘 존재한다는 것을 안다. 자신의 소명에 충실한 교회 지도자들은 '어떠해야' 하는지 알기에 교회에서는 그 모양새가 더 추악할 뿐이다.

물론, 요한이 계속해서 지적하듯이, 가야바 같은 냉소주의자의 음흉한 계획조차도 하나님의 더 큰 구원 목표 안에 있다. 대제사장이 꾸미는 계획, 곧 예수님을 제거하여 온 나라를 살리겠다는 계획은 예수님이 자신을 위해 마련되었다고 믿으신 죽음과 비슷했다.

예수님의 죽음은 성경을 성취하시는 그분의 소명에서 절정을 이루는데, 그 민족을 구출할 뿐 아니라, "흩어진 하나님의 자녀들을 한데 모으"(요 11:52)실 것이다. 아주 분명한 차이점이 있다. 예수님의 죽음은 자신을 주는 사랑의 궁극적인 행위였다. 이스라엘의 하나님은 그분의 진정한 아들을 이 사랑으로 부르고 계셨다. 가야바는 자신을 보호하려는 냉소주의를 표현한 것에 불과했다. 전자는 자유를 낳았고, 후자는 가장 심각한 형태의 종살이를 더 공고히 했을 뿐이다.

● 그리스도 안에 있는 자유로운 정체성

그러면 예수님이 말씀하신 '진정한' 자유는 무엇을 뜻할까? '진리를 안다'는 것은 무슨 뜻이고, 진리를 알면 종류가 다른 이 자유를 어떻게 얻거나 유지할 수 있다는 말일까?

다음 장에서 진리에 대해 살펴보겠지만, 지금은 이 정도만 말할 수 있을 것 같다. 요한복음에서 진리 혹은 무언가를 '진실로' 안다는 것은 하나님이 보시듯이 현상을 보기 위해 표면 아래를 살핀다는 뜻이다. 진리는 대부분 숨겨져 있지만, 예수님은 진리를 빛 가운데로 끌어내신다. 단지 문제에 대한 진단(죄를 종살이의 형태로, 곧 사람들이 우상을 섬기고 그 손아귀에 잡혀 있다는 표시로 분석하는 것)만 빛 가운데로 나오는 것이 아니다. 해결책도 있다. 권세들은 패할 것이다. 예수님의 죽음으로 그런 일이 벌어질 때 권세에 사로잡혀 있던 사람들은 드디어 해방될 수 있다.

그런 해방은 어떤 모습일까? 니고데모로 돌아가서, 그것은 새로운 종류의 태어남을 뜻할 것이다. 인간이 되는 새롭고 진정한 방식 말이다. 요한복음은 창세기와 새로운 창세기로 가득하다. 창세기 1장은 하나님의 형상을 지닌 인간에게 초점을 맞추고, 요한복음은 진정한 하나님의 형상을 지니신 예수님이 어떻게 다른 사람들도 진정한 인간이 되게 하시는지를 설명한다. 이것이 한편에서는 가난과 질병과 전쟁으로 상처받고 있지만, 다른 한편에서는 삶의 진정한 의미를 잃어버린 공허한 사치가 가득한 오늘날의 고통스럽고 절박한 수많은 갈망에 대한 대답이다. 인간의 진정한 정체성은 진정한 인간이신 그분에게서 나온다. 아들이 당신을 자유롭게 하면, 당신은 진정으로 자유할 것이다.

사마리아 여자에게 돌아가 보자. 이 여자는 자신의 과거, 자신과 다른 사람들의 죄의 노예가 되었다. 이 여자의 삶은 수많은 나쁜 기억, 몸과 마음의 나쁜 습관으로 점철되었다. 자신을 망가뜨리는 한 가지 상황에서 겨우 벗어나면, 곧장 또 다른 유혹에 빠져서 헤어 나오지 못했다. 그런 일은 너무 흔하고 유명한 증상이다. 예수님은 거기서 빠져나갈 길, 진정한 자유, 진정한 새 출발을 주신다.

어떻게 그런 일이 가능하고 실행에 옮길 수 있는지 알려면, 이야기를 처음부터 끝까지 읽어야 한다. 그러고 나서 요한복음 20-21장의 마리아와 도마와 베드로처럼, 슬픔과 의심과 과거의 부정을 다루시고 이제 당신을 새로운 세상으로 맞이하시는 예수님께

적절하게 반응해야 한다. 그렇게 반응하면서 우리는 옛 노래 가사처럼 '자유'란 '내가 사랑받은 시간'을 뜻한다는 사실을 발견한다. 어떤 이의 사랑이든, 사랑은 일종의 자유를 만들어 낸다. 새로운 공간, 더 큰 세상을 창조한다. 예수님 안에서 사람이 되시고 십자가에서 죽으신 하나님의 사랑은 새로운 창조 세계를 불러오고, 그곳에서 살아가도록 우리 각 사람을 초대하신다. 새로운 세상. 자유로운 세상. 자유로운 세상에서 살아가는 자유로운 사람들.

그러면 이 자유로운 사람들은 세상 모든 영역에서 자유의 행위자가 된다. 다른 사람들이 과거의 족쇄를 풀고 정말로 자유롭게 살아가도록 돕는 상담가. 더 좋은 통치 방법이 있다는 소식으로 독재자들에게 맞서는 외교관. 약자를 괴롭히는 교활한 사람들로부터 보통 사람들을 해방하는 법률을 제정하는 정치가 등. 이 모든 과정에서 우리는 다시 한번 신학적인 핵심에 가까워지고 있다. 자유를 향한 갈망은 그분의 형상을 닮은 모든 사람 가운데 하나님이 심어 주신 본능이다. 우리를 만드신 하나님은 우리가 자유롭기를 원하신다.

물론 많은 제도, 안타깝게도 많은 기독교 제도와 교회 제도에서 이런 메시지는 규제와 기대라는 무겁고 큰 더미 아래 깔려 버렸다. 많은 사람이 '자유'와 '교회'의 연관성을 찾겠지만, 이것은 또 다른 사르트르의 신물 나는 농담일지 모른다. 하지만 그것은 사실이 아니다. 교회가 최선의 상태일 때는 모든 차원에서 자유가 살아 있다. 그리고 나는 그런 '최선'의 교회를 엿보는 특권을 누렸다.

이는 자유에 대한 부르심이 너무도 많은 경우에 좌초된 것처럼 보일지라도, 창조주 하나님이 주신 진정한 소명이었음을 보여준다. 심지어 독재자들이 자신이 사람들에게 '자유'를 주고 있다고 주장하게 만드는 본능, 사람들에게 구속복을 벗고 새로운 해방을 찾으라고 말하는 본능, 이 본능도 하나님이 인간을 위해 마련하신 진정한 도구의 일부다. 우리가 그 도구를 오용하더라도, 자유의 약속을 새로운 형태의 종살이로 만드는 한이 있더라도, 그 말은 사실이다. 망가진 이정표도 여전히 이정표다.

마지막 두 장에서 다룰 내용을 일부 예상해 보면서 이렇게 한번 생각해 보자. 예수님이 배신당하시던 날 밤, 베드로는 대제사장의 뜰까지 그분을 따라갔다. 그렇게 하지 않을 자유가 있었지만, 충성심에서 갔다. 거기 도착한 베드로는 그가 예수님을 따르던 무리 중 하나라고 말한 사람들에게 동의할 자유도 있었고, 그 말을 부인할 자유도 있었다. 베드로는 부인했다. 그리고 '자유'를 그런 식으로 사용하자 더는 자유롭지 못했다. 자신의 실수 때문에 무너져 내렸다. 불과 몇 시간 전에 자신만만했던 모습은 예수님이 경고하신 대로 빈 껍데기에 불과했다. 그래서 부활하신 예수님은 베드로에게 자유를 돌려주셨다. 그를 용서하시고, 그분의 사랑으로 초대하시고, 목자의 역할을 맡기셨다.

아, 한 가지가 더 있다. 베드로의 새로운 자유는 그를 자유와 정반대처럼 보이는 곳, 고난과 죽음으로 인도할 것이다. 자유의 역설은 그 새로운 방식에서도 이어지는 것 같다. 하지만 예수님과의 대화는 이렇게 끝난다. "나를 따라라!" 예수님은 이 땅에서 가장 자유로운 분이셨고, 그분의 자유는 그를 십자가형으로 이끌었다. 그 자유가 사랑에서 나왔기 때문이다. 자유의 진정한 의미를 알고 싶다면, 당신이 사랑받은 때를 생각해 보라. 하나님의 아들이 당신을 사랑하셔서 자신을 주신 그때를. 하나님이 세상을 얼마나 사랑하셨는지, 자신의 하나뿐인 각별한 아들을 주신 그때를.

요한복음 읽기와 예수님 음성 듣기

지금쯤이면 어떤 독자들은 요한복음을 가득 채운 온갖 다양한 주제와 개념에 난처해할지도 모르겠다. 몇몇 특정한 개념을 출발점으로 삼았지만, 이 개념들이 온갖 종류의 연상 작용을 일으켜서 다른 주제들도 끌어들였다. 이런 종류의 집중적인 읽기에서 초점이 흐트러질 위험은 늘 있는데, 특히나 난무하는 단어들 속에 중심인물 예수님이 사라져 버릴 위험이 크다. 하지만 그런 일을 방지할 방법이 있다. 자유와 진리를 다룬 장 사이 이 막간에서 그중 한 가지를 다루어 보려고 한다.

앞에서 나는 요한복음에 나오는 예수님과 다양한 사람들의 대화가 인간이자 친구이신 예수님이 어떤 분이신지를 잘 보여 준다고 말했다. 나머지 세 복음서에 등장하는 것보다 더 많고 다양한 이 대화들을 통해 우리는 예수님을 대화 상대로 볼 수 있다. 물론, 그분은 대화 방향을 자주 바꾸시고, 우리가 실제로 던진 질문보다는 '던져야 할' 질문에 답을 주실 때가 많은 것 같지만 말이다. 또 이런 이야기를 읽다 보면 우리가 그분을 실생활에서도 그렇게 대하게 된다고 말했다. 예수님은 정말로 살아 계신다. 요한복음 15장을 비롯한 여러 곳에서 예수님이 그분을 따르는 이들을 '친구'라고 부르실 때 그 친구가 점점 확장되어 오늘날 우리까지 포함된다는 점을 분명히 의도하고 계신다.

그러나 우리가 예수님과 복음서에 나오는 것과 비슷한 대화들을 할 수도 있다는 말에는 일정한 한계가 있다. 우리가 그런 대화에 실제로 참여할 수 있다면 어떨까? 우리도 대화에 함께할 수 있다고 가정한다면 말이다.

많은 독자가 이런 생각에 익숙할 것이다. 실제로, 일부 독자들은 복음서를 처음 읽을 때 이런 방법을 배우기도 했다. 하지만 처음 듣는 다른 사람들을 위해서 그 내용을 다시 소개할 필요가 있고, 이미 알고 있는 사람들도 다시 한번 복습할 만한 가치가 있을 것이다.

그 방법이란 기도와 성경 읽기를 참신하게 하나로 묶는 것이다. 성경을 읽을 때 우리는 하나님이 하시려는 말씀에 마음을 열어야 한다. 하지만 그러기 위해서는 주도적이어야 한다. 하나님의 영이 당신을 인도해 주시기를 기도하라. 예를 들어, 기도하면서 예수님과 니고데모의 놀라운 이야기를 가져다가 예수님께 이렇게 말씀드려라. "이 대화에 제가 끼어도 괜찮을까요?" 니고데모라면 놀랄지도 모르겠다. 그러나 예수님이 괜찮다고 하시면(아마도 그러실 것이다), 니고데모도 불평할 이유가 없다.

이렇게 해서 당신도 두 사람의 대화에 참여한다. 여기가 바로 기도와 상상력 사이 경계가 열어지다 사라지는 지점이다. (물론, 상상력이 이겨서 더 많은 공상을 낳을 수도 있다. 그럴 위험은 항상 있다. 그러나 상상력도 하나님이 주신 선물이니 기도하면서 잘 활용할 수 있다.) 자, 이제 당신은 니고데모가 예수님께 첫 번째 질문을 던지고 예수님이 전혀 다른 답을 주시는 동안 잘 듣고 있다. 예수님이 이런 답을 주시는 일은 다반사이지만, 당신은 거기에 익숙하다. 예수님은 문제의 핵심을 찌르신다. 하나님 나라에서 중요한 것은 위로부터 태어나는 것이다. 니고데모는 누구나 예상할 법한 질문을 던진다. 사람이 나이 들어 어떻게 다시 태어날 수 있습니까? 예수님은 물과 영에 대해 말씀하신다. 계속해서 다른 질문과 대답이 이어진다. 그러다가 문제가 더 복잡해지기 전에 두 사람은 잠시 쉬면서 숨을 고른다. 이제, 당신 차례다. 지금까지 대화를 들으면서 당신 마음에는 어떤 생각이 떠올랐는가?

이렇게 말하고 싶은 사람이 있을지도 모른다. "잠깐만요! 그 물과 영 부분 다시 한번 설명해 주세요." 혹은 이런 사람도 있을 수 있다. "오래전에 어떤 특별한 기도를 드렸을 때 '다시 태어났다'고 생각했는데, 지금 보니 잘 모르겠어요." 어떤 사람은 "예수님, 하늘에서 내려온 '인자'에 대해 하신 말씀이 정확히 무슨 뜻이죠?"라고 질문하고 싶을지도 모르겠다. 당신이 기도하면서 진지하게 이런 질문을 던진다면, 무슨 대답을 받을지 모를 일이다.

그러나 니고데모와 예수님이 말씀하는 내용에만 제한될 필요는 없다. 니고데모는 밤에 예수님을 찾아왔다. 사람들의 시선을 피하고 싶었을 것이다. 당신 삶에서 남들은 모르게 예수님을 은밀하게 찾아오고 싶게 만드는 것은 무엇이 있을까? 예수님께 정말로 여쫍고 싶은 것은 무엇일까? 그분은 하루 중 어느 때든 개의치 않으신다. 그러고 싶다면, 얼마든지 어두울 때 찾아가라.

다른 두 장면을 더 생각해 보자. 요한복음 2장에서 예수님과 어머니와 친구들은 결혼식에 참석하신다. 잔치에서 포도주가 떨어진다. 마리아가 예수님께 말하니, 그분은 무슨 일이든 해 주었으면 하는 뜻이라는 것을 바로 알아차리신다. 이 장면에서 당신은 단역을 맡기로 하자. 단, 결혼식에서 포도주가 모자란 상황 대신에, 결혼생활에 어려움을 겪는 지인 부부의 예를 생각해 보자. 당신이 결혼생활에서 겪는 어려움을 생각해 봐도 좋다. 무슨 이유에서든 어떤 재앙이 다가오고 있다면, 그에 대해 말씀드려라. 예수님이 알아듣기 쉽게 자세하게 이야기하라. 마리아가 그랬듯이, 조금 솔직해도 좋다. 현재 상황을 있는 그대로 말씀드려라.

그 장면에 머물면서 예수님이 하시는 일을 지켜보라. 뜻밖의 일이 벌어질 수도 있다. 예수님이 하인들에게 물 항아리를 채워서 연회장에 가져다주라고 말씀하신 것처럼 말이다. 예수님에게는 신학적인 질문은 물론 현실적인 질문을 다루시는 그분만의 방식이 있다. 중요한 것은 누군가가(이 경우에는 당신이) 그분께 문제가 무엇인지 말씀드려야 하고, 그 '누군가'는 "그가 하라는 대로 하세요"(요 2:5)라는 마리아의 명령에 반드시 반응해야 한다는 것이다.

또 다른 감동적인 이야기는 예수님이 제자들의 발을 씻기신 요한복음 13장의 장면이다. 충분히 익숙해질 때까지 반복해서 이야기를 읽어 보라. 예수님이 식탁에서 일어나 하인들이나 하는 일을 하시려 할 때 사람들이 느꼈을 당혹스러움을 감지해 보라. 베드로가 한 말에 귀 기울여 보라. 그는 예수님은 그런 일을 하시면 안 된다고 거부하다가, 그분이 꼭 해야 할 일이라고 말씀하시자 말투가 달라졌다. "제 발뿐 아니라… 제 손과 머리도 씻겨 주십시오"(요 13:9).

예수님이 당신에게 오셔서 신발을 벗기고 발을 씻기시기 시작한다면, 당신은 무어라고 말할 것 같은가? 당신이 씻어야 할 다른 신체 부위는 어디일까? 그분께 말씀드리고 답변을 기다려라. 예수님의 행위로 드러나야 할 깊은 슬픔과 두려움, 오래된 죄, 좌절된 희망은 없는가? 예수님이 수건으로 당신 발을 닦으시는 동안 그분께 모두 설명해 드려라. 그분이 당신의 눈물까지 닦아 주시는 동안 잠잠히 기다려라.

6장 진리

JUSTICE
정의
LOVE
사랑
SPIRITUALITY
영성
BEAUTY
아름다움
FREEDOM
자유
TRUTH
진리
POWER
권력

몇 해 전, 내 친구 둘이《여전히 우리는 진리를 말할 수 있는가*Truth Is Stranger Than It Used to Be*》라는 도전적인 제목의 책을 썼다. 브라이언 왈쉬Brian Walsh와 리처드 미들턴Richard Middleton은 포스트모더니즘의 도전과 오랫동안 씨름해 왔다. 두 사람은 자신들이 "사회적으로 형성된 실재의 특징"이라고 묘사한 것을 두고 학생들이 대립하는 모습을 목격했다. 이 말은 우리가 들은 큰 이야기들이 이제는 자기만 챙기는 거짓말처럼 보였다는 뜻이다. 어떻게 18-19세기 과학의 진보가 서구 사회가 인류 문명화를 이끄는 원동력이 되었고 나머지 세계는 따라가게 되었는지에 대한 큰 이야기를 포함해서 말이다. 서구인들은 스스로 '좋은 사람들'이라고 자만했다. 그러나 주변 세상을 돌아보면, 다른 사람들을 '돕겠다'는 노력이 어떤 끔찍한 결과를 초래했는지 알고도 남는다.

그렇다면 이 큰 이야기는 거짓말인가? 진리라는 것이 과연 존재하는가? 어쩌다 이렇게 되었을까? 어쩌다 권력자들이 '자기 나름의 진리를 만들면' 나머지 사람들은 그것을 견뎌야만 하는 지경이 되고 말았을까?

법정에 선 증인을 생각해 보자. 영국에서는 오늘날까지도 증인들이 '온전히 진실만'을 말하겠다고 엄숙하게 선서한다. 그러나 판사들과 현명한 배심원들은 이것이 불가능한 이상이라는 것을 잘 알 것이다. 우리는 그 말이 무슨 뜻인지 잘 안다. 증인은 없는 내용을 더하거나 핵심 사실을 빠뜨리거나 말하는 내용을 왜곡해서 속이려 해서는 안 된다.

하지만 그날 벌어진 모든 일을 빠짐없이 말한다는 의미에서 '온전히 진실만'을 말하는 것은 불가능하다. 당신이 내쉰 모든 호흡과 지나간 모든 차량, 코앞에서 윙윙댄 모든 파리를 이야기하려면 법정에 몇 주나 머물러야 할지도 모른다. 더군다나 정말로 그렇게 하려고 했다가는 사건의 본질과 상관없는 시시콜콜한 내용을 늘어놓느라 정말로 중요한 문제는 빠뜨릴지도 모른다. 온전한 진실이란 사건과 '연관된' 온전한 진실만을 뜻한다.

그런데 이렇게 말하고 나면, 다음과 같은 질문과 맞닥뜨린다. 연관성이 있는지는 누가 판단하는가? 기나긴 증인 신문을 통해 핵심 사건이 드러날 때가 많다. 법정 변호사가 증인의 기억을 끈질기게 파고들면 증인은 결국 무슨 말을 내뱉게 되는데, 그것이 처음에는 사소해 보이지만 결국에는 결정적인 단서로 드러난다.

문제는 이것이다. 모든 진실은 '누군가의 진실'이다. 어떤 사람이 어떤 관점에서 이야기하느냐에 따라 다 다르다. 그러면 세상에는 진실이란 존재하지 않는가? 물론, 아니다. 차가 방향을 틀어 보행자를 쳤을 때 '그' 사람이 '그' 차를 운전하고 있었다. 목격자 중 한 사람이 끔찍한 사고 장면 때문에 기억이 흐려져서 차량 색깔을 잘못 기억했다고 해서 사고가 없었다고는 할 수 없다. 차량 운전자를 찾을 수 없다는 뜻도 아니다. 인간의 인식과 기억이 우리가 상상하는 것보다 훨씬 복잡하다는 의미일 뿐이다.

이렇게 해서 진리도 정의, 사랑, 영성, 아름다움, 자유 같은 이 책의 다른 주제들과 비슷한 처지에 놓이게 된다. 누구나 진리가 중요하다는 것은 알지만, 진리를 찾거나 알기가 생각만큼 쉽지 않다. 진리는 망가진 이정표다. 우리는 진리를 갈망하고 우리에게 진리가 필요하지만, 완벽한 진실은 늘 우리 손에 닿지 않는 곳에 있다.

역설적이게도, 지난 20-30년 사이에 '진실'을 요구하는 일이 크게 늘었다. 특히, 공문서를 채울 때 말이다. 일 때문에 여행하는 경우가 꽤 있는데, 몇십 년 사이에 작성해야 할 공문서가 부쩍 늘었다. 여기저기 사진도 보내야 하고, 최근에는 국경을 넘을 때 지문을 찍어야 하는 곳도 생겼다. 시간이 얼마나 많이 걸리는지 모른다. 이것을 '포스트모던'한 문제에 대한 '모던'한 반응이라고 해야 할지 모르겠다. 포스트모더니즘은 모든 사람과 사물에 숨 막히는 의심의 담요를 덮어씌우고, 우리는 거기에 복잡하고 느린 관료주의로 대응한다. 당신이 테러리스트인 줄 누가 알겠는가? 그러니 우리로서는 당신 지문을 찍어 두는 편이 안전하다!

진리에 대한 욕구와 진리를 손에 넣을 수 없는 무능력에 기초하여 인간의 문제들에 대한 전체 이론을 대략 그려 볼 수도 있다. 우리는 파일 캐비닛에 들어 있는 완벽한 공문서, 곧 '사실'이라는 형식으로 점점 더 많은 진실을 요구한다. 그러나 사람들이 자신이 만들기 원하는 프로필(사건의 개요, 세상의 개요, 특히 자신의 약력)에 걸맞은 '사실'을 골라 배열하면서 진실을 알아보기는 점점 더 어려워진다. 언젠가 어떤 일자리에 지원한 한 남자와 대화를 나눈 적이 있다. 그는 구체적인 내용을 언급하면서 자신이 그 자리를 제안받았지만 거절했다고 말했다. 함께 일하게 될 동료들이 마음에 들지 않아서라고 했다. 하지만 내가 그 문제의 동료들을 일부 안다는 사실을 그는 알지 못했다. 나도 굳이 말하지 않았다. 그의 이야기 이면에는 또 다른 이야기가 있다고 들었다는 정도만 말하고 싶다.

그것이 문제다. 많은 이야기에 한두 가지가 넘는 측면이 있기 마련이다. 같은 현상을 바라보는 눈과 생각하는 마음과 말하는 입의 수만큼이나 많은 '측면'이 있다. 나는 1989년에 중동에서 두어 달 살면서 끊임없이 눈과 귀를 열어 복잡한 정치 상황을 이해해 보려 애썼다. 모든 사람의 말이 다 설득력 있어 보였다. 하지만 내가 들은 이야기들은 하나같이 양립하기 어려워 보였다. 왜 이런 일이 벌어질까? 그럴 때 우리는 어떻게 해야 할까?

요한일서에서 요한은 "우리는 스스로를 속이는 것이고, 우리 안에 진리가 없습니다"(요일 1:8)라고 말한다. 하지만 우리는 우리가 진리를 전하는 피조물로 부름받은 사실을 안다. 우리는 다른 사람들도 모두 진실을 말해 주기를 바라고, 그들이 거짓을 말할 때 분개한다. 특히 정치인들과 사업가들이 자기 이익을 위해 장부를 조작하고, 그들이 마땅히 봉사해야 할 사람들이 그 대가를 치를 때 우리는 폭발한다.

그러나 우리는 자신을 아주 쉽게 속인다. 거짓말이 아니라는 거짓말까지 해 가면서 말이다("진짜 거짓말 아니었어요"). 우리의 기억은 굉장히 선택적이다. 우리 자신과 삶과 행위에 품은 이상을 뒷받침하려고 수많은 사실 중에 극소수의 사실을 끌어내 강조하곤 한다. 이런 행위는 물론 다른 방향으로 갈 수도 있다. 우울감이나 죄책감에 빠진 사람들은 자신의 절망과 수치를 더 부채질하는 '사실'만 골라서 기억할지도 모른다. 진리는 머나먼 우주의 별만큼이나 멀게 느껴진다. 그럼에도 우리는 경이에 싸여 진리를 바라본다. 진실은 아름답다. 아니, 아름다워 보인다.

그러나 기독교의 복음은 진리에 대해 세상이 줄 수 있는 것보다 더 심오한 접근법을 제공한다. 진리는 환상에 불과하다고 말하는 세상, 진리가 우리를 자기 패배의 악순환에 빠지게 만드는 망가진 이정표처럼 보이는 세상에서, 예수님을 따르는 이들은 진리가 없다는 주장 자체가 거짓이라고 말해야 한다. 우리 상상과 다르고 이해하기 힘든 모습이라 하더라도 진리라는 것이 실제로 존재한다. 그뿐 아니라 진리가 우리를 해방시켜 줄 것이다. 자유를 얻어 새로운 피조물로 살 수 있도록, 혼자 힘으로 진리를 말하는 사람이 될 수 있도록 말이다.

● "진리라! 그게 무엇이오?"

요한복음은 진리가 무엇이냐는 핵심에 집중한다. 요한은 프롤로그 마지막 부분에서 "율법은 모세를 통해 주어졌고, 은혜와 진리는 메시아 예수를 통해 왔다"(요 1:17)라고 수수께끼처럼 말한다. '은혜와 진리'라니, 참으로 흥미로운 조합이다. 요한은 정말로 진리라는 것이 있되, 은혜가 있어야만 진리가 드러나는 것은 물론이고, 애초에 은혜가 있어야만 진리가 존재할 수 있다고 암시하고 있는지도 모른다. 창조된 질서가 향하고 있는 실재가 있지만, 메시아 예수가 오실 때까지는 손에 닿지 않는 곳에 있다. 모세와 다른 선지자들이 그 실재를 가리키고 있지만 말이다.

급진적인 주장이다. 요한복음 전체에서 예수님은 진리가 존재한다는 생각을 말이나 행동으로 반박하는 다양한 사람들과 대화를 주고받으시기 때문이다. 이는 예수님이 폭동을 일으켰다는 이유로 로마 총독 앞에 끌려오신 때에 절정에 달한다. 어떤 의미에서 그 죄명은 옳다. 현재의 세상이 전부라면, 새로운 세상이 있고 그 세상이 죽음과 절망 대신에 생명과 소망을 주면서 현재의 세상을 뚫고 들어오고 있다고 말하는 사람은 사람들을 잘못된 길로 인도하는 위험한 바보이기 때문이다. 당신이 아는 기존의 권력 구조를 고수하는 편이 훨씬 나을 것이다. "우리에게는 황제 외에 왕이 없습니다"(요 19:15). 황제는 당신을 죽일 수도 있지만, 당신은 자신의 위치를 잘 알고 있다. (이런 대단한 주장을 펼친 대제사장들은 황제가 자신들의 권력을 계속 유지해 줄 것을 알고 있었다.)

그러나 예수님은 요한복음의 절정에서 창조와 새 창조를 말씀하신다.

빌라도가 말했다. "그래서! '당신'이 왕이오?"

예수께서 대답하셨다. "당신이 나를 왕이라고 부르고 있소. 내가 태어나고 세상에 온 이유는 바로 이것이오. 바로 진리에 대해 증언하는 일이오. 진리에 속한 모든 사람은 내 목소리에 귀를 기울이오."

빌라도가 말했다. "진리라! 그게 무엇이오?"(요 18:37-38)

이 대화는 "내 나라는 이 땅으로 말미암는 그런 나라가 아니오"(요 18:36)라는 예수님의 말씀으로 시작되었다. 그 나라는 다른 종류의 나라다. 그렇지만 엄연한 나라다. 빌라도가 대표하는 황제의 나라에 도전하는 나라, 어떤 무장봉기보다 훨씬 근본적인 차원에서 그 나라에 도전하는 나라다. 황제의 나라는 죽이겠다는 협박이든 실제 죽음이든, 죽음으로 유지된다. 다시 말해, 창조 세계의 선함을 부정함으로써 명맥을 유지한다.

이 상황은 제국들이 "자기 나름의 진리를 만든다"라고 할 때 뜻하는 바다. 이것이 빌라도가 냉소적인 질문으로 오늘날의 포스트모던 저항("절대 진리 따위는 없어") 혹은 권력자들이 만든 그와 비슷한 반응("진실? 그런 건 가짜 뉴스에 불과해요!")을 예상했을 때 의미한 바다. 의제에 맞지 않는 것은 무엇이든 일축할 수 있다. 나는 러시아 군대가 저항할 힘이 없는 크림반도와 우크라이나를 점령했을 때 블라디미르 푸틴Vladimir Putin이 텔레비전에 나와서 문제의 그 군인들이 중고 가게에서 러시아 군복을 사 입은 시민군이라고 말했던 것을 기억한다.

기독교가 진리를 어떻게 말하는지 정확히 보여 주는 또 다른 유명한 대화는 대놓고 오만을 드러내어 세상 사람들이 고개를 절레절레 흔들게 했다. 평소와 같이 예수님 말씀에 혼란스러워진 도마는 예수님께 어디로 가시는지, 제자들은 어떻게 그 길을 알 수 있는지 여쭙는다. 예수님은 "나는 길이요 진리요 생명이다!"(요 14:6)라고 대답하신다. 어떤 사람들은 이 말씀을 "나는 진실하고 살아 있는 길이다"라는 뜻을 유대인 방식으로 표현한 것으로 해석했는데, 그 말도 맞을지 모른다. 그러나 내가 보기에는 '길'과 '진리'와 '생명', 세 단어 모두에 똑같이 강조점이 있는 듯하다.

잘난 체하는 현대인들에게 이 엄청난 주장을 많이 들려주어서는 안 된다. 우리가 사는 현대 세상에서 '진리'란 힘 있는 자들의 오만한 주장에 지나지 않기 때문이다. 그러나 여기서 진리는 옛 창조의 수치와 죽음을 취하여 극복함으로써 옛 창조를 마감하는 새 창조, 새로운 창조 세계라는 온화하면서도 강력한 낯선 진리다. 진리는 사랑이라는 실재, 거룩한 사랑, 예수님의 사랑, 육체가 되신 사랑이라는 실재다.

이것은 다른 주장들과 나란히 가늠할 수 있는 주장이 아니다. 마치 예수님과 다른 대여섯 교사나 지도자들을 '종교'라는 현대의 임의적 기준에 맞추어 저울질해 보듯이 말이다. 이스라엘은 창조주 하나님의 백성이든지 아니든지 둘 중 하나다. 예수님은 이스라엘의 메시아이시거나 아니시거나 둘 중 하나다. 창조주 하나님은 이스라엘의 메시아이신 예수님을 통해, 예수님 안에서 새 창조를 시작하셨거나 그러지 않으셨거나 둘 중 하나다. 요한복음은 다음 세 가지 명제를 확인해 주려고 기록되었다. 이스라엘은 하나님의 백성이다. 예수님은 이스라엘의 메시아이시다. 하나님은 예수님을 통해 그분의 새 창조를 시작하셨다. 그러니 당연하게도 요한복음에서 예수님은 '진실로'라는 단어를 반복해서 사용하신다. 다른 번역본들에는 "내가 진실로 진실로 너희에게 이르노니"라는 표현이 자주 등장한다. 나는 "내가 너희에게 엄중한 진실을 말한다"(요 14:12)라고 번역했지만, 강조점은 똑같다.

우리는 예수님이 빌라도 및 도마와 나누신 대화에서 요한복음이 정의한 진리는 실재, 독특한 실재라는 것을 볼 수 있는데, 이 실재는 예수님의 인격에 싸여 있다. 그것은 전혀 다른 나라의 진리다. 이 퍼즐의 마지막 한 조각은 예수님이 사마리아 여자와 나누신 대화에서 확실해진다. 여자는 예수님께 그분이 말씀하시는 '생수'를 달라고 요청하지만(요 4:15), 예수님은 여자에게 남편을 불러오라고 말씀하신다. 여자는 곧바로 답한다. (도대체 무슨 심산이었을까? 요한은 우리가 여자가 무슨 생각을 한다고 생각하기를 원할까?) "저는 남편이 없습니다." (어쩌면 이 흥미로운 낯선 이가 자기에게 관심을 보일지도 모른다고 생각했을까?) 예수님은 여자의 반쪽 진실 혹은 반쪽 거짓을 정면 돌파하신다.

> 너는 남편이 없다고 내게 말하는구나! 사실 너는 남편 다섯이 있었지만, 지금 같이 있는 남자는 네 남편이 아니다. 네가 사실을 말

했구나!(요 4:17-18)

여기서 드러나는 아이러니는 분명하다. 여자는 예수님을 속이려고 진실을 반만 말했지만, 그 안에 진실이 있었다. 물론, 여자는 그 진실을 예수님께 알리고 싶지 않았지만 말이다. 대신, 예수님은 다른 종류의 진리, 진정한 하나님을 예배할 때 찾아오는 진리로 이 여자에게 도전하신다.

그러나 참된 예배자들이 영과 진리로 아버지를 예배할 때가 오고 있는데, 실제로 이미 여기 와 있다! 그렇다, 아버지께서는 이런 예배자들을 찾고 계신다. 하나님은 영이시고, 하나님을 예배하는 사람들은 영과 진리로 예배드려야 한다(요 4:23-24).

그런데 어떻게 진리와 예배가 관련이 있을까? 도대체 여기서 무슨 일이 일어나고 있는 것인가? 어떻게 해서 '이' 새로운 종류의 진리, 곧 하나님에 대한 진리, 진정한 예배에 대한 진리가 우리가 혼란스러워하는 모든 진리의 눈금판을 다시 맞출 수 있는가? 우리는 이 사마리아 여자가 영성에 대해 언급할 때 수세대 동안 예배가 특정한 장소에 국한되어 있었다는 점에 주목했다. 반면, 예수님은 여자에게 다른 소식을 받아들이라고 요청하고 계셨다. 그분만이 주실 수 있는 생수를 받으라는 말씀이었다. 그러나 이 생수는 어느 특정한 거룩한 지형에 국한되지 않았다. 새로운 종류의 진리가 세상에 나타나고 있다. 그러나 그 진리를 분별하고 따르기 위해서는 새로운 종류의 지혜가 필요할 것이다. 그리고 이것은 맞대면을 불러올 것이다.

● 거짓의 아비와 대면하기

예수님이 약속하신 진리는 우리를 전적인 개인의 영역을 넘어서서 위험한 공적 진리의 영역, 공적 진리 주장의 영역으로 데려간다. 그리고 이런 진리 주장들이 충돌할 때 곧장 동원될 수 있는 폭력이 우리를 기다리고 있다. 이제, 앞에서 자유와 관련하여 살펴본 본문인 요한복음 8장으로 다시 돌아가 보자. 자유와 진리는 함께 가는 것처럼 보인다.

> 너희가 내 말에 머물면, 참으로 내 제자가 될 것이고, 진리를 알 것이며, 진리가 너희를 자유롭게 할 것이다(요 8:31-32).

앞에서 보았듯이, 이 말씀은 분노에 찬 반응을 불러온다. 그러나 예수님은 주장을 굽히지 않으신다. 예수님은 진실을 말씀하셨고, 그들은 거짓을 말하고 있다. 이런 상황은 한 가지로 해석할 수밖에 없다. 그들이 예수님을 믿기 거부한 이유는 어둠의 근원, 모든 거짓의 근원에서부터 온 것이 틀림없다. 인간은 몸에 밴 정신적 습관 때문에 그런 제안을 의심하기 마련이다. 그런 제안들은 자기 잇

속만 챙기는 것처럼 보인다. 우리는 상대를 '악마화'한다는 생각에 몸서리를 친다. 그러나 예수님이 진리와 거짓에 대해 하신 말씀이 정말로 사실이라고 가정해 본다면 어떻게 될까?

> 어째서 너희는 내가 하는 말을 이해하지 못하느냐? 그것은 너희가 내 말을 듣지 못하기 때문일 수밖에 없다. 너희는 너희 아비 마귀에게서 났다! 또 너희는 그가 원하는 대로 척척 진행하려고 애쓴다. 그는 처음부터 살인자였고, 한 번도 진리 안에 머물러 본 적이 없다. 그 안에 진리가 없기 때문이다. 그가 거짓말을 할 때, 그는 자기 본성대로 말하는 것이다. 그가 거짓말쟁이요 실은 거짓의 아비기 때문이다! 그러나 내가 진리를 말하기 때문에 너희는 나를 믿지 않는다. 너희 가운데 누가 나를 고발할 수 있느냐? 내가 진리를 말한다면, 어째서 너희는 나를 믿지 않느냐? 하나님에게서 온 사람은 하나님의 말씀을 전한다. 너희가 귀 기울이지 않는 것은, 너희가 하나님에게서 오지 않았기 때문이다(요 8:43-47).

이 내용은 아마도 요한복음에서 가장 어두운 지점일지도 모르겠다. 남에게 이런 말을 하는 것은 상상도 해 보지 못한 사람들, '사람들의 최선'을 생각하기 좋아하는 사람들, 자신을 포함한 모든 인간의 모호한 상태를 잘 아는 사람들은 이것이 지나치다고 생각할지도 모른다. 언뜻 듣기에 이 말은 근본주의자의 불평 같다. 우리가 보기에, 이 말씀은 3장의 "하나님께서 세상을 얼마나 사랑하셨는지"와 10장의 "나는 선한 목자다" 중간에 나오기에 자연스럽지 않아 보인다. (성경에서 요한복음 8장을 가장 좋아한다고 말하는 사람이 있다면, 우리는 그의 정신 건강을 염려해야 할 것이다.) 그러나 이질적으로 보이거나 심지어 이간질하는 듯 보이는 성경 내용에 즉각적인 반응을 보류하고, 실제로 무슨 일이 벌어지고 있는지에 집중하는 것도 그리스도인이 보여야 할 겸손이다.

앞서 보았듯이, 요한복음의 드라마는 예수님과 이스라엘 이야기라는 렌즈로 하나님과 세상에 대한 큰 이야기에 초점을 맞춘다. 그 초점은 프롤로그에서부터 나타난다. 먼저, "그분은 세상에 계셨고, 세상은 그를 통해 지음받았으나, 세상은 그를 알지 못하였다"(요 1:10). 그러고 나서, 그 초점을 이 책의 구체적인 드라마로 가져온다. "그분이 자기 소유에 오셨지만, 그분의 백성은 그분을 맞이하지 않았다"(요 1:11). 말하자면, 이 초점은 배후에서 비치는 밝은 빛을 배경으로 틀이 잡히고 윤곽이 드러난다. "빛이 어둠을 비추고, 어둠은 그 빛을 이기지 못했다"(요 1:5). 악이라는 것이 정말로 존재한다. 그 악에 적절한 이름을 붙이지 못하게 하는 본능은 악이 취하는 전략 중 하나다. 자신은 악의 손아귀에 잡혀 있지 않지만 오만해 보일까 봐, 너무 큰 소동을 불러일으킬까 두려워서 악에 맞서기 꺼리는 사람들 앞에 악은 그 치명적인 목적들을 몰래 들여온다.

그러나 거짓의 세상은 죽음의 세상이고, 우리는 언젠가 그에 맞서야 한다. 죽음 자체가 하나님과 예수님에 대해 거짓을 말한다.

아버지가 말씀의 힘으로 만드신 선한 세상은 정말로 선하고, 그 선한 세상을 오염시키고 모든 것이 속이는 쓰레기에 불과하다고 선언하는 부패와 소멸과 죽음이야말로 속이는 쓰레기다. 하나님은 "아니다. 이것이 내가 사랑하는 내 세상이고, 내가 이 세상을 구원할 것이다"라고 말씀하신다. 죽음이 하나님 눈앞에서 조롱한다. 예수님은 죽음 앞에서 눈물을 흘리신다. 부활절에 마리아의 눈물은 기쁨으로 변한다. 진리가 다시 태어났기 때문이다. 이것이 창조주의 세상이고, 그분이 이 세상을 구하시고 새롭게 하고 계신다는 진리가 드러났기 때문이다.

사람들은 이렇게 더 큰 이야기의 관점에서 진리를 들어야 한다. 그 진리가 거짓에 맞서서 거짓을 부끄럽게 만들 것이다. 그럴 때만이 사람들은 거짓의 손아귀에서 벗어나 해방될 것이다. 하지만 어떻게 그럴 수 있을까? 터키의 아르메니아인 대학살, 나치의 유대인 대학살, 폴 포트(Pol Pot)의 정치적 반대자 숙청 등 20세기에 일어난 최악의 범죄가 가능했던 이유는 그에 대해 알고 있던 사람들이 입을 다물었기 때문이다. 사람들이 사소한 거짓말은 찾아서 드러낸다는 점을 많은 정치인이 알아챘다. 하지만 당신이 정말로 큰 거짓말을 하면(독일 사람들에게 윈스턴 처칠이 세계 정복을 꿈꾸고 있다고 말한 히틀러를 떠올려 보라), 사람들은 알아차리지 못하거나 겉보기와 달리 참말이라고 생각할 것이다.

그래서 예수님은 그분께 맞서는 상대에 맞서신다. (그들은 이번에도 예수님이 귀신 들렸다고 고발한다.) 예수님이 말씀하고 계신 진리가 그들의 세계관에는 들어맞지 않았을 것이다. 그들은 자신들이 아는 세상이 무너지지 않도록 열심히 떠받치고 있다.

그들이 어두운 반창조 세력에 좌지우지되고 있다는 징후는 그들도 폭력을 사용하기 원한다는 점이다. 8장은 간음한 여자를 돌로 치라는 협박에서 시작해서 예수님을 돌로 치려는 시도로 끝이 난다(요 8:59). 이 모두는 또다시 진리와 거짓의 문제가 생명과 죽음의 문제와 나란히 놓이는 요한복음의 절정으로 향하는 과정의 일부다. 서서히 핵심이 드러나기 시작한다. 진리가 현시대에 그처럼 역설적인 이유는 궁극적인 진리는 새 창조이기 때문이다. 이 새로운 창조는 현재의 창조 세계를 부패하게 만든 죽음을 폐함으로써 현재의 창조 세계를 충족시킨다. 어둠과 반창조의 세력, 악마 같은 고발하는 세력이 악을 쓰고 으르렁거리며 돌을 던지는 것도 당연하다.

● 사랑이라는 새로운 진리

그러면 예수님의 나라가 다른 곳에서 왔으며, 세상의 거짓과 비웃음보다 훨씬 더 깊이 들어가는 진리가 그 나라의 특징이라는 의미는 무엇일까?

예수님의 사역으로 시작되고 그분의 죽음과 부활을 통해 전혀 새로운 방식으로 도착할 새로운 세상은 첫 번째 창조가 늘 고대해 왔던 진정 새로운 창조 세계다. '하늘에서처럼 땅에서도' 하나님 나라가 임한다는 예수님의 주장은 이상하고 기괴한 반문화를 말씀하신 것이 아니다. 그런 반체제는 새롭다는 이유로 사람들의 관심을 끌지만, 평범한 사람들의 마음과 생각 속에 있는 오랜 소망과 기대감, 곧 정의, 사랑, 영성, 아름다움, 자유에 대한 욕구를 정말로 충족해 주지는 못한다. 이 새 세상은 부패와 부식과 죽음에서 마침내 해방된 진정한 창조 세계, 이런 갈망들을 만족시켜 주는 새 창조였다. 거기서 창조주의 궁극적인 목적이 성취되었다. 우리가 이 세상에서 발견하는 진리는 망가진 이정표에 불과하다. 이 세상의 빌라도와 대제사장들이 이정표를 완전히 망가뜨렸다. 우리는 그 이정표를 더는 신뢰할 수 없다. 그러나 돌아보면, 진리에 대한 갈망과 진리를 손에 넣으려는 우리의 소극적인 시도는 궁극적인 실재를 가리키는 진정한 이정표가 틀림없다.

하지만 하나님 나라가 현 세상에서 만들어지지 않고 다른 곳에서(물론, 하나님으로부터) 온다는 사실은 이 진리가 무엇이고 어떻게 존재하게 되었는지를 강하게 시사한다. 요한은 요한복음 전체에서 창조주 곧 아브라함의 하나님이 '사랑'의 하나님이라고 우리에게 말해 주었다. 예수님은 자신이 이 하나님을 증언하고, 어떤 의미에서는 그분을 구체적으로 보여 준다고 주장하신다. 창조 세계도 사랑을 통해 존재하게 되었고, 사랑을 통해 새로워질 것이다. 사랑(의 하나님)이 제자들의 발을 씻기신다. 사랑이 그들을 불러 아버지와 아들의 친밀한 관계를 나누게 하신다. 사랑이 십자가로 가신다.

이것이 빌라도의 '진리'이자 제국의 진리, 칼집(혹은 총열)에서 나온 진리가 반쪽 진리일 수밖에 없는 이유다. 이 반쪽 진리를 온전한 진리로 만들면 거짓이 되고 만다. 현재 세상은 이렇게 돌아가고 있다. 그러나 원래부터 그런 것은 아니었고, 앞으로 달라질 수 있다.

빌라도의 진리와 공모하면, 당신도 '거짓의 사람들'이 될 것이다. 예수님이 요한복음 8장 39-47절에서 비판하신 것처럼 죽음과 거래하는 사람이 되는 것이다. 이는 우리를 가장 심오한 신비, 곧 후대 신학자들이 '속죄'라고 언급한 개념의 핵심 가까이 이끈다.

어쨌든 예수님과 빌라도의 기나긴 논쟁은 빌라도의 승리로 끝난 것 같다. 빌라도에게는 예수님을 십자가에 못 박을 권력이 있고, 예수님도 그렇다고 인정하신다(요 19:11). 빌라도는 그 권력을 실행한다. 거짓의 사람들이 늘 그렇듯이 빌라도는 진리의 표지, 이 경우에는 불편한 진실을 말하고 있는 사람을 없애려 한다. 그러나 궁극적인 진리는 자기를 주는 사랑, 곧 이 세상을 창조하시고 다시 창조하실 사랑이기에 빌라도는 그렇게 해서 자신의 거짓을 훼손한다.

어둠이 도를 넘는다. 죽음의 권세가 죽음이 패하게 될 장소로 유인당한다. 바울이 고린도전서 2장 8절에서 표현한 대로, 세상 통치자들이 자신이 하는 일을 알았더라면 영광의 주를 십자가에 못 박지 않았을 것이다. 그들은 자신의 사형 집행 영장에 서명하고 있었던 셈이다. 시인 존 던John Donne은 "더 이상 죽음은 없으리. 죽음, 그대가 죽으리라!"라고 공표했다.

이것이 요한복음이 황제의 대변인과 하나님의 대변인 간 맞대

결에서 선언하고 있는 진리다. 진리와 사랑의 새로운 창조 세계가 태어나려면, 현재의 창조 세계를 오염시킨 최악의 부패가 최후의 발악을 통해 스스로 힘이 빠지게 내버려 두어야 한다. 요한이 예수님 이야기를 전하는 방식은 이것이 그가 창조와 이스라엘, 이스라엘과 오실 메시아에 대한 성경의 내러티브를 읽는 방식임을 암시한다. 메시아는 진정한 진리, 창조하는 진리, 새 창조의 진리를 성취하신다.

● 진리를 전하는 예수님의 제자들

따라서 예수님을 따르는 이들은 진리의 사람들이 되라는 명령을 받을 것이다. 예수님이 그러셨듯이, 그들도 진리의 사람이 되려면 막대한 대가를 치러야 할 것이다. 그러나 이제 '진리의 영'으로 정확히 지명된 성령님이 그들을 이 소명으로 인도하실 것이다.

> 예수께서 계속 말씀하셨다. "너희가 나를 사랑하면, 내 명령을 지킬 것이다. 그리고 내가 아버지께 구할 것이며, 아버지께서는 또 다른 도우시는 분을 주셔서 너희와 영원히 함께 있게 하실 것이다. 이 분 곧 또 다른 도우시는 분은 진리의 영이시다. 세상은 그분을 받을 수 없다. 그분을 보지도 못하고 알지도 못하기 때문이다. 하지만 너희는 그분을 안다. 그분이 너희와 함께 사시고, 너희 안에 계실 것이기 때문이다"(요 14:15-17).

이 새로운 영, 예수님의 영이 오셔서 그들이 진리를 말하게 도우실 것이다. 특히 예수님에 대한 진리, 옛 세상에는 들어맞지 않으나 그 옛 세상을 궁극적이고 근본적이고 전혀 새롭게 이해할 수 있는 진리를 세상에 말할 수 있도록 말이다.

> 도우시는 분, 곧 내가 아버지께로부터 너희에게 보낼 분이요, 아버지께로부터 오시는 진리의 영이 오시면, 그분이 나에 대해 증언하실 것이다. 또 너희도 증언할 것이다. 너희는 시작부터 나와 함께 있었기 때문이다(요 15:26-27).

다시 말해, 예수님을 따르는 이들이 새로운 창조 세계를 탄생시킬 단어들을 말하는 동안 진리가 생겨날 것이다. 이것은 철학과 사회에서 진리에 대한 우리의 혼란스러움을 이해하게 해 주는 흥미진진한 새 소명이다. 예수님과 그분의 나라, 죽음과 부활이라는 진리에서부터 흘러나오는 새 창조의 진리는 특히 예수님을 따르는 이들이 말하는 진리를 통해 전진한다. 이것은 일부 기독교의 '진리' 표현인 합리주의나 근대주의, 곧 (분명히) 바보들이나 부인할 논쟁을 통해 복음을 '증명하려는' 불안정한 시도로 다시 퇴보할 수 없다. 예수님이 말씀하고 계신 것에는 자신에 관한 이야기도 물론 포함될 것이다. 그러나 그 이야기는 예수님 자신의 이야기처럼 사방에 새 창조의 치유와 소망을 불러오는 '산' 진리라는 더 큰 목적에 대한 내적인 설명일 것이다.

20장 19-23절의 명령에서 추측할 수 있듯이, 이는 예수님이 이스라엘을 위해 하신 일을 예수님을 따르는 이들도 (성령을 통해) 세상을 위해 할 수 있다는 의미다. 또한, 그분이 정확히 어떤 분이시고 공생애에서 어떤 일을 하셨는지에 대한 이야기는 그냥 잊히는 것이 아니라, 핵심으로 남아야 한다는 의미일 것이다. 교회가 말하는 진리의 핵심에는 예수님 이야기가 있을 것이다. 성령은 교회가 계속해서 이 이야기를 전하고 제대로 이야기할 수 있게 도우실 것이다.

> 예수께서 계속 말씀하셨다. "내가 너희에게 해야 할 말이 아직 많다. 하지만 너희는 아직 그것을 감당할 만큼 강하지 않다. 그러나 진리의 영이 오시면, 그분이 너희를 모든 진리로 안내하실 것이다. 알다시피, 그분은 자기 마음대로 말씀하지 않으시고, 무엇이든 들으시는 것을 말씀하실 것이다. 앞으로 올 일들도 너희에게 알려 주실 것이다. 그분은 나를 영광스럽게 하실 것이다. 그분이 내 것을 취하여 너희에게 알려 주실 것이기 때문이다. 아버지께서 가지신 것이 전부 내 것이다. 바로 그런 까닭에, 그분이 내 것을 취하여 너희에게 알려 주실 것이라고 말한 것이다"(요 16:12-15).

이 내용은 예수님이 이 담화를 마무리하면서 하신 기도와 일맥상통한다.

아버지께서 그들을 세상 밖으로 데려가 달라는 것이 아니라, 그들을 악한 자로부터 지켜 달라고 구합니다. 내가 세상으로 말미암지 않았듯이, 그들도 세상으로 말미암지 않았습니다. 진리 안에서 그들을 아버지께서 구별해 주소서. 아버지의 말씀이 진리입니다. 아버지께서 나를 세상에 보내셨듯이, 나도 그들을 세상으로 보냈습니다. 또 그들을 위해 나 자신을 아버지께 구별한 것은, 그들도 진리 안에서 아버지께 구별되게 하려는 것입니다(요 17:15-19).

"진리 안에서 그들을 아버지께서 구별해 주소서. 아버지의 말씀이 진리입니다." '구별'로 번역한 단어는 '성화'로 번역하는 단어와 같다. 여기서 예수님을 따르는 이들은 마치 성전 기구처럼 하나님의 특별한 쓰임새를 위해 구별된다. 요한복음 17장 대제사장 기도에서 예수님은 아버지의 친밀한 임재 가운데서 성막과 성전이 늘 가리켰던 새 창조의 진리를 구체적으로 보여 주시고, 이 진리 곧 이 새로운 실재가 제자들을 감싸 주셔서 진리가 그들을 씻기고 빚으며, 그 진리를 살아 내고 숨 쉬고 그들이 보냄받은 세상에 전할 수 있도록 기도하신다.

여기서 우리는 이 장을 시작하면서 살펴본 문제, 오늘날 세상에서 진리의 역설이라는 문제에 대한 강력한 해결책을 발견한다. 진리라는 개념 자체와 우리가 진리를 가장 원하는 바로 그 순간에 우리 손가락 사이를 빠져나가는 진리의 특징 때문에 우리는 절망에 빠지곤 한다. 진리는 오늘날 많은 사람을 냉소주의에 빠뜨린다.

실제로, 진리를 향한 인간의 추구는 난타당한다. 망가진 이정표다. 우리는 빌라도처럼 진리에 마땅한 반응은 어깨를 으쓱하는 냉소적인 반응밖에 없다고 생각하더라도 용서받을 수 있다.

그러나 빌라도는 절대 깨닫지 못했겠지만, 그 앞에 진리가 서 있었다. 구원받고 새로워진 창조의 진리, 육체가 되신 진리, 세상에 있는 자기 사람들을 사랑하셨고 지금도 끝까지 사랑하시는 진리, 죽음을 통과하여 하나님의 새 세상으로 인도하시는 진리, 그분을 따르는 이들에게 진리의 영을 주셔서 그들도 그분을 따라 세상을 존재하게 할 창조의 진리를 말하게 하시는 진리가 계셨다. 예수님을 따르는 삶에 뒤따르는 한 가지 도전이 있으니, 그것은 바로 여전히 황제의 대리인들이 통치하는 듯한 세상에 새로운 치유의 진리를 말하는 기술, 어렵고 위험하지만 아름다운 기술을 배우는 것이다.

그러면 예수는 누구인가?

요한복음은 "나는 …이다"라는 예수님 말씀으로 유명하다. 이번 6장에서는 "나는 길이요 진리요 생명이다"(요 14:6)라는 한 말씀만 다루었다. 그 밖에도 다양한 상황에서 이 표현이 등장한다. "나는 생명의 빵이다"(요 6:35, 48), "나는 세상의 빛이다"(요 8:12; 9:5), "나는 선한 목자다"(요 10:11, 14), "나는 부활이요 생명이다"(요 11:25), "나는 참 포도나무요"(요 15:1). 많은 사람이 이런 말씀들에 나오는 "나는 …이다"가 출애굽기 3장 14절에서처럼("나는 곧 나다", 줄여서 "나다"), 하나님의 이름을 의도적으로 떠올리게 한다고 생각했다.

요한은 이 직접적인 연관성을 끌어내는 듯하다. 예수님은 각기 다른 두 장면에서 자신을 가리켜 "나다"라고 말씀하신다. 헬라어에서 이 표현은 늘 모호한데, '에고 에이미*egō eimi*'는 "나다" 혹은 "내가 그 사람이다"라고 말하는 자연스러운 방법이기 때문이다. 우리는 물 위를 걷는 예수님을 보고 제자들이 놀라는 장면(요 6:19)에서 이 모호함을 볼 수 있는데, 그때 예수님이 하신 말씀을 요한은 "나다!"(요 6:20)라고 제대로 번역했다. 그러나 요한은 이 말씀이 폭풍우 치는 파도 위를 걸어오시는 이스라엘의 하나님이라고 암시하고 있는데, 그 또한 옳다.

겟세마네 동산에서도 이 표현을 볼 수 있다. 들이닥친 병사 무리 앞에서 예수님은 그들에게 누구를 찾느냐고 물으신다. 그들이 "나사렛 사람 예수요."(요 18:5)라고 말하자, 예수님은 "내가 그 사람이다"(요 18:5, 6, 8)라고 대답하신다. 예수님이 처음 그 말씀을 하시자 병사들은 몇 걸음 뒤로 물러나더니 땅에 쓰러진다. 요한은 어두워진 동산에 계신 예수님을 이스라엘 성경이 상상한 낯선 하나님의 임재로 이해해야 한다고 지극히 의도적으로 암시하는 듯하다.

하지만 우리는 이 두 예시에서 어떤 결론을 내려야 할까? 오랫동안 사람들은 이 본문을 예수님이 스스로 '하나님이라고 주장'하고 계신다는 뜻으로 해석했다. 요한복음의 유명한 서두를 고려해 본다면("처음에 그 말씀이 계셨다. … 그 말씀은 하나님이셨다"), 이 해석은 말이 되는 것 같다. 그러나 이 생각은 '하나님'이 철학자의 신, 아마도 이신론의 신, 동떨어진 냉담한 존재라는 현대 서양 사고의 논거 틀에 갇혀 있을 때가 너무 많았다. 지난 200-300년 동안 많은 철학자와 신학자는 기독교 신앙을 설명하거나 추천하기 위해서는 어떤 방식으로든 하나님의 존재를 '증명'하고, 예수님을 이 그림에 끼워 맞춰야 한다고 가정했다. 요한복음은 그들에게 후자의 도구를 주는 것처럼 보였다. 여기서 예수님은 정말로 스스로 '하나님이라고 주장'하고 계셨기 때문이다.

그러나 요한 스스로 이것이 잘못된 방식이라고 말한다. 하나님에서부터 시작해서 예수님을 그 그림에 끼워 맞추는 것은 수레를 말 앞에 놓는 것이나 마찬가지다. 요한은 "아무도 하나님을 본 적이 없다. 아버지와 친밀하게 가까우신 분, 독생하신 하나님께서 그분을 세상에 나타내 보이셨다"(요 1:18)라고 주장한다. 이것은 엄청난 주장이다. 그는 우리가 진정한 하나님이 정말로 어떤 분이신지 미리 알 수 없다고 주장한다. 하나님을 먼저 '파악'한 후에 예수님을 우리가 생각한 모델에 끼워 넣기를 기대할 수 없다는 것이다. 그런 식으로는 절대 되지 않는다. 우리는 항상 예수님과 함께 시작해서 그분이 만지신 모든 것을 가지고 그분이 하신 일과 그분의 모든 대화 가운데 하신 일을 하시게 해야 한다. 다시 담론을 형성하시고, 다시 세상의 질서를 잡으시고, 이 경우에는 자신의 소명에 대한 특별한 감각을 중심으로 하나님 개념을 다시 정의하시게 해야 한다.

요한이 어떤 의미에서는 예수님이 하나님이시라고 말하고 싶어 한다는 점은 의심의 여지가 없다. "그 말씀은 하나님이셨다"라는 1절 말씀은 아주 명확하다. 이 말씀이 헬라어로 "그 말씀은 신이었다The Word was a god"라는 뜻이라고 주장하는 사람들에게 속지 마라. 헬라어에는 부정관사(영어의 'a')가 없다. 헬라어는 '있다'라는 동사가 있는 문장의 주어에 정관사(영어의 'the')가 규칙적으로 붙고, 주어에 대해 말하고 있는 내용인 보어에는 똑같이 규칙적으로 생략한다. "엘리자베스는 여왕이다Elizabeth is the queen"라는 문장을 헬라어로 번역하면, 정관사는 '여왕'이 아니라 주어인 '엘리자베스'에 붙는다. 다시 말하면, "The Elizabeth is queen" 같은 형태가 된다.

이런 작은 문법 사항은 요한이 '말씀'이 하나님이시라고 먼저 말한다는 사실을 강조한다. 이 말씀은 나중에 어느 시점에 가서 "육체가 되었다." 다시 말해, 너무 기술적으로 접근하지 않는다면, 창조주 하나님의 연합 내부에 (적어도 비전문적으로 표현하자면) 양극성이 존재한다는 것이다.

당시 대부분의 유대인 유일신 교도들은 이 점에 크게 놀라지 않았을 것이다. 예수님 당시에 유일신교라는 개념은 한 하나님의 '내적 존재'에 대한 철학적 분석이 아니었다. 이는 두 가지를 강력하게 확인해 주었다. 첫째, 한 분이신 선하고 지혜로운 창조주가 세상을 창조하셨다. 이는 창조된 질서가 열등하거나, 정말로 악한 신의 참으로 악한 피조물일 수 있다고 보는 '이원론'을 배제한다.

둘째, 이 창조주는 유일한 하나님이시다. 다시 말해, 이방 만신전에 있는 수많은 신은 모두 엉터리다. 그들이 가진 듯 보이는 힘은 거슬리지만 하찮은 '악령들' 때문이다. 이 악령들은 인간이 제우스나 아테나와 같은 '신이 아닌 존재'를 숭배하도록 유혹하여 착취한다.

따라서 1세기 유대인들이 한 분 하나님의 신비 가운데 창조와 새 창조의 사역에 함께 기여하는 다양한 움직임, 다양한 에너지가 있을지도 모른다고 가정하는 것도 무리는 아니었다. 예수님의 첫 제자들은 그분과 그분의 성령에 대해 비슷한 내용을 말하고 있었다. 이 내용이 삼위일체와 예수님의 메시아 되심에 대한 초기 논의로 합쳐진다.

우리 눈에는 꽤 복잡해 보일 수 있다. 하지만 세상에서 가장 큰 신비를 이해하려 애쓰는 것이 정말로 그리 간단하리라고 생각했단 말인가? 요한이 보기에는 굉장히 인간적이고 설득력 있게 묘사한 예수님의 모습에 우리 모두가 간절히 원하는 단순함이 있다. 요한은 그분을 보라고 말한다. 당신이 이전에 하나님을 어떻게 생각했든, 이 모든 상황 가운데 있는 예수님을 보고 그 생각을 재고해 보라고 말한다. "아무도 하나님을 본 적이 없다. 아버지와 친밀하게 가까우신 분, 독생하신 하나님께서 그분을 세상에 나타내 보이셨다"(요 1:18). 이 말씀이 모든 걸 말해 준다.

7장 권력

JUSTICE
LOVE
SPIRITUALITY
BEAUTY
FREEDOM
TRUTH
POWER
정의
사랑
영성
아름다움
자유
진리
권력

몇 해 전, 권력에 관한 책을 썼다. 하나님 나라를 다룬 책이었는데, 그 나라는 복음서에 나오는 예수님의 주목할 만한 예측에 따르면, "권능으로 오는"(막 9:1) 나라다. 물론, 당시 사람들은 그 나라를 고대하고 있었다. 하나님은 그분이 성경에서 약속하신 일을 마침내 실행하셔서 전혀 새로운 방식으로 세상을 다스리실 것이다. 그래서 내 책 《하나님은 어떻게 왕이 되셨나*How God Became King*》에서는 예수님과 초기 기독교 공동체의 하나님 나라 선언이 기본적으로는 하나님이 세상을 책임지시고 전혀 새로운 방식으로 경영하신다는 뜻임을 설명하려고 했다.

내 책을 읽고 혼란을 느낀 사람들이 보낸 편지와 이메일 중에는 이 문제를 아주 냉혹하게 표현한 예도 있었다. 편지를 보낸 사람은 핵 공격이나 세계적인 유행병, 끔찍한 자연재해 등 큰 위기가 발생했다고 상상해 보라고 했다. 누군가 총리나 대통령 등 국가를 다스리는 책임자를 찾아가서 이렇게 말한다. "이 사태를 어떻게 하실 작정입니까?" 그랬더니 이런 대답이 돌아온다. "괜찮을 겁니다. 하나님이 다 책임지시니까요."

그 사람이 말하려 한 요점은 분명했다. 하나님이 책임지고 계신다면, 우리는 편히 앉아서 하나님이 가장 좋은 방식으로 행동하시기를 기다릴 수 있다. 어쩌면 조금 오래 기다려야 할지도 모른다. 다시 말해, 내게 편지를 보낸 독자는 그걸로는 부족하다고 말하고 있었다. 뭔가 조처가 필요하다. 우리 편에서 말이다.

이것은 아주 오래된 논쟁의 현대판이다. 예수님 당시 유대 사상가들의 편을 가른 것 중 하나는 하나님이 행동하실 때까지 (기도는 하지만) 수동적으로 기다려야 하는지(에세네파가 대체로 이렇게 믿었다), 직접 나서서 뭔가를 하면서 하나님이 그 일에 복 주시리라고 생각해야 하는지(사두개인들), 아니면 인간의 노력과 하나님의 행동이 함께 있어야 하는지(바리새인들, 그들 사이에서도 약간의 의견 차이는 있었다)에 관한 질문이었다. 명목상 '유대인의 왕'인 헤롯 가문도 있었다. 이들은 계속해서 권력을 잡을 수만 있다면, 즉 당대 최고 권력인 로마 황제와 모종의 거래를 할 수만 있다면, 하나님은 크게 신경 쓰지 않았다.

우리에게도 이런 딜레마가 있다. 그리고 이 딜레마는 권력의 문제를 확연히 드러내는데, 우리가 이 책에서 살펴본 나머지 여섯 가지 문제와 똑같은 모양새다. 간단하게 이렇게 표현할 수 있다. 누구나 권력이 중요하다는 것을 알지만, 그것이 얼마나 심하게 잘못되기 쉬운지도 잘 안다.

물론, 많은 현대인은 '권력'을 추잡한 단어로 본다. 사람들이 교회와 회사, 대학에서 논의하는 중에 이렇게 말하는 이야기를 자주 듣는다. "아, 결국 다 권력의 문제죠." 다시 말해, 논의는 정책의 문제가 되어야 하지만, 실제로 벌어지는 양상은 다양한 집단이 권력을 잡으려고 다투고 권력을 잡는 수단으로 현안을 이용한다. 우리는 그 모든 과정이 역겹다고 생각한다. 상황은 더 심각해질 수도 있다. "결국은 다 권력 문제야"라고 말하는 사람들이 권력을 원하고 상대가 이기는 것처럼 보인다는 사실에 분개한다는 이유로 비난을 받을 수 있다. 권력을 잡으려고 애쓰는 사람들을 비난하는 것 자체가 권력 장악의 일부일 수 있다.

하지만 권력 없이 살 수 있는가? 그럴 수 없다. 우리에게는 해야 할 일이 있다. 법을 만들어 집행해야 한다. 도로, 전화, 전기 공급 등 사회 기반 시설도 유지해야 한다. 기차도 운행해야 한다. 칼 같은 정시 운행까지는 아니더라도('기차 정시 운행'은 나치 독일 같은 독재 정권의 활동을 가리키는 상투적인 문구가 되어 버렸다), 어느 정도는 규칙적으로 운행해서 사람들이 문제없이 출퇴근할 수 있어야 한다. 우리는 가끔 권력과 동떨어진 '단순한' 삶을 꿈꾸기도 한다. 아무도 의지하지 않고 자신에게만 의지한 채 무인도 생활 같은 삶의 방식을 시도해 보지만, 사람들은 그런 삶이 아무리 좋게 말해도 "아주 힘들다"고 털어놓았다. 한갓진 섬에 사는 핵가족이라고 해도 누군가 책임질 사람은 필요할 것이다. 정의, 관계 등 우리가 다룬 몇몇 주제들은 적어도 결정을 내리고 실행하는 기본 공동체를 전제한다. 그것이 곧 권력이다.

최근 몇 해 사이에는 많은 사람이 정반대 극단에서 권력 문제에 접근해서, 강력한 책임자(대체로 남자)를 세워서 일을 해결해야 한다고 주장했다. 그다음에 사람들은 '왕정'(왕이나 여왕이 고문과 행정가들의 도움을 받아 다스린다)과 '독재'(모든 결정을 전적으로 자기 뜻대로 내리고 강제로 실행하는 절대 권력을 지닌 한 사람이 다스린다)를 구분했다. 때로는 소집단이 권력을 나누어 독재 정치를 하기도 하는데, 전문 용어로는 '과두제'라고 한다. 그러나 오늘날 이 단어는 다른 뜻을 갖게 되었다.

이렇게 해서 국가 차원과 세계 차원에서, 학교와 대학, 회사, 가정에서 논쟁이 발생한다. 독재 정권 아래서 고통받는 사람들은 차라리 무정부 상태를 선호하는 것처럼 보인다. 그들은 사람들이 자신이 원하는 것만 할 수 있다면, 오만하고 힘 있는 사람이 나머지 모든 사람을 짓밟으려는 유혹이 사라질 것이라고 추론한다. 그러나 그런 무정부 상태는 오히려 정반대 효과를 불러올 때가 많다.

우리는 2003년과 2004년 이라크에서 그것을 목격했다. 사담 후세인은 필요 이상으로 많은 권력을 쥐었다. 서구 동맹국들이 1979년에 이슬람 신정국가가 된 이란에 맞서는 완충국으로 이라크를 원했기 때문이다. 그러나 사담 후세인이 살인을 일삼는 무자비한 독재자가 되자 서구 열강은 그를 타도하기로 했다. 그가 사라지면, 평화와 행복과 서구식 민주주의가 자동으로 생겨나리라고 안일하게 생각했다. 하지만 우리가 아는 대로, 무정부 상태가 되어 버렸다. 누구나 예상할 수 있듯, 힘센 사람과 부도덕한 사람이 자기들 하고 싶은 대로 판치는 세상이 되어 버렸다. 실제로, 무정부 상태보다 예전의 독재 정권이 가난하고 약한 사람들을 아주 미미하게나마 더 보호해 주었다. 이 지역에서는 여전히 무정부 상태의 영향을 곳곳에서 느낄 수 있다.

그러면 진퇴양난에 빠지게 된다. 19세기 영국의 역사가 존 달버그 액턴John Dalberg-Acton은 다음과 같은 유명한 말을 했다. "권력은 부패하게 마련이고, 절대 권력은 절대 부패한다." 정말이다. 그러나 액턴은 슬며시 찾아오기 쉬운 부패를 예방하려면 어떻게 해야 하는지는 분명히 밝히지 않았다. 지난 250년간 세계 정치 전반, 구체적으로 서구 정치는 그 질문에 답을 찾으려는 다양한 시도의 이야기였다. 우리는 혁명, 프랜차이즈식 민주주의 확장, 사회주의 정부, 우파 독재 등 다양한 종류의 타협과 연합을 보았다.

어떤 사람들은 다양한 사회와 민족 집단에 따라 어울리는 정부 유형도 다르다고 제안한다. 또 어떤 사람들은 그런 제안을 '드러나지 않은 인종주의closet racism'(자신은 인지하지 못하지만, 실제로는 인종차별적 사고방식을 가지고 있는 경우를 가리키는 용어—옮긴이)로 의심한다. 그러는 사이 우리는 종종 언론 매체의 영향을 받아 약한 지도자들은 조롱하고 강한 지도자들은 원망한다. (앞에서 보았듯이) 우리는 정의를 원하고, 정의가 꽃을 피우려면 일정한 권력이 필요하다. 그러나 누구나 잘 알듯이, 권력을 쥔 사람들은 이기적인 목적을 채우려고 정의를 왜곡하고, 자신들의 부패한 행동이 드러나는 것을 회피하며, 법의 힘을 사용하여 적수를 억누르는 경우가 많다. 권력은 전 세계에서 문젯거리다.

우리는 같은 문제를 학교와 회사, 교회와 가정에서 더 분명히 볼 수 있다. 흔히들 '위에서부터' 강하고 확실한 통솔이 있어야 일이 잘 진행된다고 말한다. 그 '위에 있는' 사람이 기관차가 다른 객차들에 붙어 있어야 한다는 사실을 잊어버리기 전까지는 말이다. 이 사실을 너무 잘 아는 일부 지도자들은 이끄는 일을 그만두고 그냥 '관리'만 하려 하지만, 그것마저도 재앙이다. 운전하는 사람이 운전대를 놓으면, 트럭은 미친 듯이 도로를 질주하거나 트럭에 탄 다른 사람들이 운전대를 잡으려고 할 것이다. 어느 쪽도 결과는 좋지 않다.

따라서 권력의 오용과 포기, 이 두 극단은 권력에 대한 계속되는 딜레마를 가리킨다. 두어 세대 전에는 그 추가 소련이나 나치 같은 '강력한' 중앙 통제를 향하고 있었다. 민주주의 정부의 어리석음에 지친 1920년대와 1930년대의 여러 '자유주의' 사상가들은 러시아와 독일이 앞장서고 있으니 나머지는 그들을 따라야 한다고 보았다. 당시의 나쁜 기억은 아직도 먹구름처럼 근대사의 지평에 그늘을 드리우고 있고, 분위기는 다시 '제도'와 그들이 행사하는(혹은 그들이 행사한다고 사람들이 생각하는) 권력을 의심하는 쪽으로 기울었다. '체제'와 '기관'은 '권력'만큼이나 오용된 단어가 되어 버렸다.

포스트모더니즘으로 알려진 느슨한 운동과 연관된 이 저항은 사회 전반에 적용되었다. 어떤 사람이 사랑하는 마음에서 하는 일이라고 말하면, 우리는 그것이 사실은 힘의 과시라고 의심한다. 어떤 사람이 '자유'를 준다고 하면, 당신은 그것이 힘의 과시임을 안다. 어떤 사람이 그 사람들은 당신에게 '정직한 진실'을 말하고 있다고 하면, 우리는 불편한 심정으로 그 본뜻을 깨닫는다. 그들의 말은 빌라도처럼 권력의 자리에 있는 그들이 세상을 자기 마음대로 움직이고 자신들의 권력을 유지하기 위해서 '진실'을 만들고 있다는 뜻이다. 다 이런 식이다.

이 모두는 다시 한번 우리를 요한복음의 절정으로 이끈다. 빌라도와 예수님이 대치하는 장면에서 우리는 이 전체가 권력, 곧 힘이란 무엇이고 어떻게 작용하며, 복음이 보여 주는 철저히 다른 종류의 힘은 무엇인지에 관한 이야기임을 깨닫는다. 다시 말해, 권력은 마지막 망가진 이정표다. 권력은 이 세상과 세상의 창조주에 대해 무언가 중요한 것을 말해 주는 듯하다. 그러나 권력이 번번이 실망을 안겨 주는 바람에 우리는 냉소적으로 변하여 이 모든 것이 악몽이나 짓궂은 농담에 지나지 않는다고 내뱉기 쉽다.

요한의 예수님 이야기는 전혀 다른 답을 준다. 권력은 정말로 중요하다. 권력은 진정한 하나님의 실재를 가리키는 이정표다. 그러나 진정한 권력은 대부분의 기대나 가정과는 전혀 다르다.

하지만 요한복음을 깊이 파고 들어가기 전에 이스라엘 성경의 배경이 되는 이야기를 살펴볼 필요가 있다. 요한과 요한 이전의 예수님은 그 이야기를 전제했다. 많은 그리스도인을 포함한 오늘날 사람들은 그 이야기를 거의 잊어버리고 말았다.

● 권력과 인간의 소명

성경 맨 첫 장에서 인류는 권력을 받는다. 창세기 1장에서 새로이 창조된 세상의 다양한 구성원(채소, 새, 동물)은 생육하고 번성하며 자신을 잘 보존하고 자신의 종을 전파하라는 명령을 받는다. 그러나 인류의 창조에는 그 이상의 차원이 있다. 인간도 똑같이 생육하고 번성하라는 명령을 받지만(창 1:28), 거기에 더해서 책임감이 따르는 놀라운 소명을 더 받는다. "바다의 고기와 공중의 새와 땅 위에서 살아 움직이는 모든 생물을 다스려라"(창 1:28). 다시 말해, 권력은 하나님이 인간에게 주신 것이다.

내가 조금 전에 묘사한 사회 분위기를 고려해 보건대, 예상하다시피 이런 진술은 수많은 저항을 맞닥뜨렸다. 우리는 사람들이 '다스림'이라는 단어를 듣고 그 뜻을 '착취'로 받아들일 때 어떤 파괴적인 결과가 따르는지 너무도 잘 안다. 어떤 사람들은 이것을 현재 환경 위기의 근본 원인으로 보았다. 어떤 사람들은 우리가 이 소명을 다음과 같이 보아야 한다고 주장했다. 이 다스림이라는 소명은 창세기 3장에서 '타락'으로 무효가 되었으나 시편 8편에서 되찾았으며, 초기 그리스도인들은 이 소명을 예수님과 연관 지어 주기적으로 인용했다는 것이다.

하나님의 크심과 신비를 찬양하는 이 시편에서 시인은 해·달·별과 비교하면 작고 하찮은 존재이지만 하나님이 인간들에게 "존귀하고 영화로운 왕관을 씌워"(시 8:5) 주셨다고 선언한다. 인류에게 지구의 나머지 생물을 '다스리게'(이 단어가 또다시 등장한다) 하셨다는 것이다. 나는 시인이 순진하다고 생각하지 않는다. 인류의 위험한 어리석음은 지금이나 그때나 마찬가지였다. 하지만 성경은 이 소명을 다시금 확인해 주면서 우리가 이미 살펴본 혼란에 대한 성경의 시각을 제시한다. 성경은 이 문제를 어떻게 해결하는가?

예수님이 아신 성경에서 이 문제를 해결하는 주요한 방법은 지혜를 통해서다. 인류는 지혜롭게 행동하라는 요청을 받는다. 살아 계신 창조주 하나님 앞에서 겸손하여서 자신의 인생뿐 아니라 그들이 속한 세상의 다른 모든 영역을 다스리는 방법을 스스로 깨닫고 이해할 수 있어야 한다. 여기서 등장하는 전통적인 본문은 잠언과 잠언을 해석하고 적용한 여러 유대 문헌이다. 특히, 하나님 백성의 최고 통치자가 되는 소명은 하나님만이 주실 수 있는 '지혜'가 필요하다고 여겼다. 솔로몬은 자신의 막대한 책임감을 잘 알고 지혜를 달라고 기도한다. 그래서 왕으로서 선악을 적절히 분별하여 다스릴 수 있도록 말이다(왕상 3:6-9).

이 주제는 유명한 성경의 두 인물을 묘사한 내용에 잘 드러나 있다. 이 두 사람은 왕이 되지 않고도 통치자들에게서 뛰어난 지혜를 인정받아서, 인간이 하나님 밑에서 세상을 다스리는 것처럼 왕 밑에서 나라를 다스리는 권위 있는 자리에 앉게 된다. 이집트 바로 왕 궁정의 요셉과 바빌로니아 궁정의 다니엘이다. 두 사람의 이야기는 이들의 권력이 어떻게 하나님에 대한 신실함에 뿌리를 두고, 놀라운 통찰력으로 표현되었으며, 각자의 왕에게 인정을 받고 실행되었는지 그 미묘한 방식을 잘 보여 준다.

왕과 관련해서는 또 다른 시편이 어떻게 '다스려야' 하는지에 대한 위엄 있는 비전을 제시한다.

하나님, 왕에게 주님의 판단력을 주시고
왕의 아들에게 주님의 의를 내려 주셔서,
왕이 주님의 백성을 정의로 판결할 수 있게 하시고,
주님의 불쌍한 백성을
공의로 판결할 수 있게 해주십시오(시 72:1-2).

왕이 이 바다에서 저 바다에 이르기까지,
이 강에서 저 땅 맨 끝에 이르기까지,
모두 다스리게 해주십시오(시 72:8).

진실로 그는, 가난한 백성이 도와 달라고
부르짖을 때에 건져 주며,
도울 사람 없는 불쌍한 백성을 건져 준다.
그는 힘없는 사람과 가난한 사람을 불쌍히 여기며,
가난한 사람의 목숨을 건져 준다.
가난한 백성을 억압과 폭력에서 건져,
그 목숨을 살려 주며,
그들의 피를 귀중하게 여긴다(시 72:12-14).

이것이 바로 '다스림'이 존재하는 이유다. 잘 알다시피, 이 다스림은 한 사람의 이익을 위해 이용당하기 쉽다. 고대 히브리 왕정을 포함한 여러 왕가 이야기에는 그런 오용 사례가 가득하다. 하지만 통치자들이 기억할 수 있고, 기억해야 하는 진짜 용도는 따로 있다. 하나님은 겸손하고 순종하는 모든 분야의 인류가 하나님의 판단과 지혜를 의지하고, 그것을 자신의 공동체에 적용하여, 그 판단과 지혜가 가장 필요한 이들에게 치유와 소망을 가져올 사람들이 그분의 세계를 현명하게 다스리기 원하신다. 시편은 궁극적인 약속으로 끝맺는다. 그런 왕이 다스리는 땅에 하나님의 영광이 가득 찰 것이다(시 72:19).

그러면 다른 나라의 통치자들도 지혜와 치유를 베푸는 통치자라는, 하나님이 선택하신 왕에 대한 이 비전을 보고 겸손해질 수 있다. 시편 기자는 "그러므로 이제, 왕들아, 지혜롭게 행동하여라. 세상의 통치자들아, 경고하는 이 말을 받아들여라"(시 2:10)라고 쓴다. 이 주제는 수백 년 동안 계속 이어져 내려와서 〈솔로몬의 지혜〉로 알려진 후대의 책에도 등장한다(6:1).

모든 통치자가 부패하고 이기적이라고 의심하는 본능은 고대 이스라엘과 이후의 유대 공동체에도 있었다. 이상하고 때로는 위험한 예언자들의 소명이 권력에 필요한 견제와 균형을 제공했다. 그들에게도 지혜가 필요했고, 그들도 부패와 속임수에 빠질 수 있었다. (열왕기상 22장에서 보듯이) 나쁜 왕이 거짓 예언자에게 조언을 구할 때 백성은 두려움에 떨어야 한다. 그러나 왕과 제사장(그 나름의 권위를 행사했다)은 서로 책임을 지고, 예언자들이 그 일을 할 사람이라는 인식이 일반적이었다. 그래서 제2성전기는 기도하면서 신앙과 소망을 붙잡으려 애쓰는 사람들에게는 굉장히 혼란스러운 시기였을 것이다. 고대 왕가는 무너지고 제사장들은 부패했다. 사람들에게 현 상황을 말해 주려고 일어난 예언자는 아무도 없었다.

그래서 '예언자'의 묘사에 부합한 사람이 나타나 현재 '유대인의 왕'을 비난하면서 이제 곧 진짜 왕이 나타날 것이라고 선언했을 때 사람들은 굉장히 흥분했다. 이제 드디어 사람들이 늘 원하던 방식으로 하나님이 '세상을 책임지고' '왕이 되실' 것이라고 믿었다. 이 예언자의 사촌인 나사렛 예수가 능력 있는 행동을 나타내고 하나님 나라가 시작되었다고 선언하기 시작했을 때 그 흥분은 최고조에 달했다. 권력자들이 주목했다. 그들은 자세히, 그리고 경계하면서 지켜보았다.

그러면 이 책에서 다룬 다른 주요 이정표들처럼 권력이라는 주제는 우리를 예수님께로 다시 데려갈 수 있다. 이 경우에는 사실상 진정한 인간이신 예수님께로 말이다. 사람들이 "예수님이 큰 권능과 권위를 베푸셨다"라고 외칠 때 우리는 그 과정을 단축하여 이것이 곧 그분이 '하나님'이셨다는 의미라고 가정해서는 안 된다. 오히려 예수님은 온전히 순종하신 인간, 진정한 왕, 온 세상에 권위를 지니신 분으로 존재하고 계셨다. 예수님의 권력은 시편 72편에서 말한 대로 정확히 사용되었다. 그분의 권력은 모든 진정한 인간 권력의 본보기다.

따라서 이스라엘의 길고 때로는 혼란스러운 이야기는 이 한 사람의 생애에서 절정에 달한다. (이것이 사복음서가 우리에게 전달하려는 이야기다.) 하지만 살아 계신 동안만이 아니다. 한 유명한 단락에서 그분은 친히 권력을 재정의하셨는데, 그분의 '소명 안에 있는 소명'이 그 배경이었다. 예수님은 죽음을 통해 창세기에 기초한 인간의 소명(다스림)과 왕의 소명(치유하는 능력)을 정점으로 끌고 가신다.

세배대의 아들들인 야고보와 요한이 예수께 다가와 말했다.

"선생님, 우리가 무엇을 구하든지 들어주시기 바랍니다."

예수께서 물으셨다. "내가 너희를 위해 무엇을 해 주기 바라느냐?"

그들이 말했다. "선생님께서 그곳에서 모든 영광 가운데 계실 때, 우리 가운데 하나는 선생님 오른편에 다른 하나는 왼편에 앉게 해 주십시오."

예수께서 대답하셨다. "너희는 너희가 무엇을 구하는지 모르는구나! 너희는 내가 마시려는 잔을 마실 수 있느냐? 내가 받으려는 세례를 받을 수 있느냐?"

그들이 말했다. "예, 그럴 수 있습니다."

예수께서 말씀하셨다. "그래, 너희는 내가 마시는 잔을 마시고 내가 받는 세례를 받을 것이다. 그러나 내 오른편이나 왼편에 앉는 일은 내가 정할 일이 아니다. 그것은 이미 정해져 있다."

다른 열 제자가 이 대화를 듣고 야고보와 요한에게 화가 났다.

예수께서 그들을 불러 말씀하셨다.

"너희는 이방인들이 어떻게 하는지 안다. 그들의 소위 통치자라는 자들이 어떻게 행동하는지 생각해 보아라. 그들은 백성 위에 군림한다. 지체 높고 힘 있는 자들이 나머지 사람들을 마음대로 부린다. 하지만 너희는 그래서는 안 된다. 너희 가운데 누구든 크고자 하면 섬기는 자가 되어야 한다. 너희 가운데 누구든 으뜸이 되고자 하면 모두의 종이 되어야 한다. 알지 못하겠느냐? 인자는 섬김을 받으러 온 것이 아니다. 인자는 섬기는 자가 되러 왔고, 자기 목숨을 '많은 사람을 위한 몸값'으로 지불하러 왔다"(막 10:35-45).

이 말씀은 이런 식으로 권력을 재정의하는 신약 성경 주요 본문 중 하나다. 많은 사람이 이 본문의 내용을 제대로 모른 채 설교했다는 사실은 서구 기독교를 장악한 심각한 문제, 곧 믿음을 현실 세계가 아니라 '나와 내 구원'에만 국한하는 믿음의 '정신화'의 징후라고 할 수 있다. 이는 많은 사람이 권력을 포함하여 오늘날 중요한 문제들에 대해 성경이 할 말이 없다고 생각하는 이유를 설명해 준다.

그러나 이 단락 전체는 매우 분명하다. 예수님은 특히 왕과 황제들 사이에서 권력의 잦은 부패에 도전하고 성경에 기초한 소명을 중심으로 권력을 재정의하는 동시에, 하나님이 주신 권력의 본질을 확인해 주고 계신다. 예수님이 공생애를 통해 시작하신 하나님의 주권적인 통치는 야고보와 요한이 생각하는 혁명이 아니라,

성경을 성취하신 그분의 죽음을 통해 확고하게 세워질 것이다.

이 본문이 권력을 다룬 성경의 핵심 본문 중에 하나라면, 다른 본문으로는 고린도후서가 있다. 여기에서 고린도후서 본문을 상세히 살필 생각은 없다. 바울과 '사도직을 다시 강조하고' 싶어 한 고린도 사람들의 대치가 이 복잡하고 도전적인 서신 배후에 있는 주제 중 한 가지라는 점만 말하고 싶다. 바울은 거기에 동의하지 않고 그들을 바로잡아 준다. 십자가에 달리신 메시아 예수의 사도에게는 권력이 따르지만(교회가 무정부 상태의 이교도로 돌아가지 않으려면, 그 힘은 꼭 필요하다), 그 힘은 메시아가 죽음과 부활을 통해 보여 주신 권력이다. 바울은 "내가 약할 그때에 강하기 때문입니다"(고후 12:10)라고 말한다.

고린도후서 전체가 이 주제에 대해 매우 섬세하게 쓴, 확장된 묵상이라고 할 수 있다. 나는 스스로 '바울파' 그리스도인이라고 생각하는 사람들을 포함하여 이 시대의 많은 교인이 고린도후서를 상대적으로 잘 모른다고 생각한다. 서구 교회는 성경 연구에서 권력에 대해 배울 수 있다고 기대하지 않기 때문이다. 하지만 이제는 그럴 때가 된 것 같다.

권력이라는 질문에 대한 초기의 성경 답변은 세상을 향한 창조주의 목적에서 권력이 중요한 자리를 차지한다는 것이다. 그러나 (정의와 자유를 포함한 나머지 주제들처럼) 권력도 하나님과 세상에 대한 궁극적인 진리를 가리키는 이정표가 될 가능성이 약해지는 식으로 부패하기 쉽고, 그런 경우가 자주 있다. 그러나 실제로 권력은 그런 이정표인데, 창조주가 다음과 같이 의도하셨고 지금도 의도하신다는 사실을 가리키기 때문이다. 창조주는 그분의 세상이 혼란스럽지 않고 질서 잡혀 있으며, 헛되지 않고 열매를 맺으며, 그분께 부끄럽기보다는 그분을 영광스럽게 하기 원하신다. 그리고 창조주 하나님이 그런 세상을 이루시기 위해 마련하신 핵심 계획은 하나님의 형상을 닮은 인간 피조물에게 그분의 권력을 위임하시는 것이다.

물론, 하나님은 세상에서 직접 행동할 능력이 있으시다. 하지만 그럴 때조차도 성경은 인간을 이 일에 동참하는 존재로 여긴다. 비록 그것이 한탄과 중보뿐일지라도 말이다. 하지만 성경에는 창조 세계, 곧 청지기인 인간을 통해 꽃피고 번성하도록 하나님이 만드신 세상의 설계 자체가 창조주에 대한 비밀스럽고 숨겨진 진리를 반영한다는 몇몇 암시가 있다. 하나님은 그분이 진정한 인간으로 오셔서 친히 그분의 세상을 책임지실 날을 대비하여, 인간 대리인을 통해 작용하도록 설계된 세상을 만드신 것 같다. 지난 300년간 신학은 대부분 예수님의 신성을 강조하려 애썼고, 그분의 인성에 대한 질문 혹은 어떻게 신성과 인성이 함께 작용할 수 있느냐는 질문은 어떻게 다루어야 할지 잘 몰랐다. 이것이 적어도 이론상으로는 그 대답이요, 권력에 대한 우리 질문의 대답이기도 하다.

> 그분은 보이지 않는 분이신 하나님의 형상이시며
> 모든 피조물의 맏이이십니다.

> 그분 안에서 하늘에 있는 것과 여기 땅에 있는
> 모든 것이 창조되었기 때문입니다.
> 보이는 것들과 보이지 않는 것들,
> 왕좌든 주권이든 통치권이든 권세든
> 모두가 그분을 통해 그분을 위해 창조되었습니다(골 1:15-16).

"그분은… 형상이시며." 즉 그분은 진정한 인간이시고, 두어 절 뒤에서는 하나님의 모든 '충만'이 그 안에 기쁘게 머무시는 분이다(골 1:19). 바울이 다음 장에서 설명한 대로, "그분 안에는 신성의 모든 충만이 몸이 되어 거주"(골 2:9)한다. 모든 능력은 하나님께 있고, 하나님은 그 능력을 아들에게 위임하신다. 그리고 그분은 이 세상의 '왕좌든 주권이든 통치권이든 권세든' 그들에게 다시 위임하신다. 이것은 의심과 반권위주의의 수사가 경솔한 질서가 되어 버린 지금의 정치 환경에서는 도전적인 진술이다. 그러나 (감옥에서 골로새서를 쓰고 있는) 바울은 순진하지도 않고 이상주의자도 아니다. 사실, 그는 하나님이 "통치자들과 권세자들의 무장을 벗겨 내시고, 그분[예수님] 안에서 일어난 그들에 대한 승리를 축하하며, 그들을 대중의 멸시를 받는 구경거리로 내보이셨습니다"(골 2:15)라고 말한다. '권력'이 아들 안에서, 그분을 통해, 그분을 위해 형성되었다면, 그들은 반란을 일으킨 것 같다. 그 권세들은 무너졌다가 다시 일으켜져야 했다. 하지만 그런 일이 생길 때 그분은 권세들을 폐기하지 않으시고, '화해'시키신다(골 1:20).

여기서 한 걸음 더 깊이 들어갈 수 있다. 인간이 위임받은 권위를 행사하도록 부름받은 이 세상을 하나님이 창조하셨다는 사실이 다가 아니다. 이는 하나님이 인간으로 오셔서 친히 이 권력을 행사하기로 항상 의도하셨기 때문이라는 사실이 다가 아니다. 약하고, 질병과 야생 짐승의 공격에 시달리며, 지식과 신체의 힘이 제한된 피조물에게 이렇듯 권력을 위임하고 공유하신 것은 창조주의 넉넉하고 넘치는 사랑에 대해 많은 것을 말해 준다.

하나님이 주신 이 권력을 세상에서 행사하는 인간의 소명을 잠깐 경험했을 때 사람들이 '하나님인 척하기'란 얼마나 쉬웠을까. 자신들이 닮아야 할 하나님이 약자를 괴롭히는 권력의 하나님이 아니라 관대한 사랑의 하나님, 권력을 나누어 주시는 하나님, 연약한 인간을 통해 일하시는 하나님, 아주 연약한 인간 곧 고통을 많이 겪은 사람(사 53:3)으로 오셔서 구원하는 능력을 행사하신 하나님이라는 사실은 잊어버리고서 말이다.

어떤 사람은 서구 교회와 세상이 삼위일체 교리를 이해하지 못하는 것과 권력의 오용(이는 오늘날 수많은 사람이 권력을 하나님과 세상에 대한 진리를 가리키는 이정표가 아니라, 세상의 불쾌하고 유감스러운 특징이자 심지어 하나님의 존재를 부정하는 근거로 여기게 만든다)이 관련이 있다고 말할지도 모른다. 우리는 창조주 하나님이 인간으로 그분의 창조 세계에 오시기로 의도하셨다는 신비로운 진리를 통해서 권력을 제대로 이해할 수 있다.

폐허가 된 세상에서 하나님이 인간으로 세상에 오시려면 우리가 통상적인 권력 개념에 대해 상상할 수 있는 가장 극적인 역전(십자가라는 수치스러운 고문을 통해 자기 나라에 오신 예수님)이 필요했다. 바로 이 지점에서 우리는 우리의 신학이 무엇이 문제인지 보기 시작한다. 그 문제의 일부는 우리가 복음서에 나타난 하나님의 시각으로 우리가 하나님에 대해 말하고 싶어 하는 모든 내용을 재조정하기보다 권력의 오용에서 얻은 다양한 권력의 이미지를 하나님께 투영했다는 것이다. 신약 성경 전체는 우리가 예수님을 바라봄으로써만 하나님이 정말로 어떤 분인지(와 함께 권력이 정말로 무엇인지) 알 수 있다고 주장한다.

바울은 사도로서 자신의 권력, 곧 그를 통해 역사하시는 성령의 능력에 대해 말하면서 이 능력도 자신의 부끄러운 연약함을 통해서 나타난다고 주장했다. 우리가 여러 곳에서 들은 대로 구속받은 인류를 새로운 창조 세계에서 그분의 '왕 같은 제사장'으로 만드시는 것이 하나님의 궁극적인 계획이라면(계 1:6; 5:10 등), 이 위임받은 청지기직 자체가 재정의된 권력, 자기를 희생하는 주권적 사랑의 권력의 문제일 것이다. 우리가 지금 이런 종류의 권력을 더 많이 기대할수록 좋은데, 특히 우리가 지금 아는 망가진 권력의 이정표가 결국에는 고쳐질 수도 있기 때문이다.

● 두 종류의 권력

요한복음으로 다시 돌아가서, 요한은 권력에 대해 어떻게 말하는가?

18-19장에 나오는 예수님과 빌라도의 대화에서 일차적인 답을 찾을 수 있다. 물론, 이것은 동등한 두 사람의 만남이 아니다. 구경꾼들은 자신을 방어할 수 없는 외로운 한 남자를 본다. 남자의 동포들은 그를 죽이려고 한다. 그는 총독의 기분에 따라 좌지우지되고, 그를 가짜 '왕'으로 꾸민 병사들의 비웃음을 받는 연약한 사람이다. 당대 권력의 처분에 전적으로 몸을 맡길 수밖에 없는 무기력한 사람이다. 그럼에도 요한의 독자들은 육체가 되신 말씀, 창조세계의 주, 이스라엘의 왕, 따라서 (시편과 예언서들에 따르면) 온 세상의 진정한 주님을 본다.

구경꾼들은 한 사람은 죽이고 한 사람은 자기 뜻대로 놓아 줄 수 있는 로마 총독을 본다. 결국에는 그도 반역한 '왕'을 간단히 풀어 주었다는 생각을 좋아하지 않을 황제에게 책임을 져야 한다. 유대 지도자들은 "만약 이 사람을 풀어 주면, 당신은 황제의 친구가 아닙니다!"(요 19:12)라고 소리쳤다. 요한의 독자들은 자신이 감당할 수 없는 상황에 부닥친 연약한 정치인을 본다. 그는 조종당하는 것에 화가 나서 작정하고 소심하게 복수한다. "내가 쓸 것을 썼다"(요 19:22). 구체적으로, 그들은 예수님의 시선으로 빌라도를 본다. 예수님은 진정으로 위임된 권한을 지닌 인간, 따라서 자신이 받은 권위로 한 일에 책임이 있는 사람을 보셨다. "만약 위로부터 주어지지 않았다면, 당신은 나에 대해 어떤 권한도 갖지 못했을 것이오"(요 19:11). 예수님을 그에게 넘겨준 사람들에게 훨씬 더 직접적인 책임이 있다. "나를 당신에게 넘겨준 그 사람의 죄가 더 큰 것은 바로 그 이유에서요"(요 19:11).

이런 위기 순간에조차 정치 권력, 특히 이방 정치 권력에 대한 고대의 성경적 이해는 확고하다. 한 분 하나님은 인류가 그분의 세상을 지혜롭게 다스리기를 원하신다. 그리고 이 권위를 위임받은 사람들은 책임을 져야 할 것이다. 독재자들은 앞 문장의 전반부만 좋아하고 후반부는 잊어버리는 경향이 있다. 무정부 상태를 선호하는 사람들은 후반부만 강조하고 전반부는 잊어버리려 한다.

예수님과 요한의 관점에서, 이 모두는 결국 하나님 나라로 귀결된다. '나라'는 곧 권위이고, 권위는 궁극적으로 권력이다. 하지만 권력도 종류가 다양하다면 어떻게 될까? 늘 그렇듯, 이 순간에도 예수님은 대화 상대가 실제로 던진 질문보다는 그들이 마땅히 물었어야 할 질문에 대답하신다.

빌라도는 관저로 돌아가 예수께 물었다.

"당신이 유대인의 왕이오?"

예수께서 물으셨다. "그렇게 묻는 것은 '당신' 생각이오? 아니면 다른 사람들이 나에 대해 하는 말이오?"

"나는 유대인이 아니잖소?" 빌라도가 대꾸했다. "당신네 백성과 대제사장들이 당신을 내게 넘겨주었소! 대체 무슨 일을 한 것이오?"

예수께서 대답하셨다. "내 나라는 이 세상에서 커 가는 그런 나라가 아니오. 내 나라가 이 세상에 속했다면, 내가 유대 사람들의 손에 넘어가지 않도록 내 지지자들이 싸워서 막았을 것이오. 그러므로 내 나라는 이 땅으로 말미암는 그런 나라가 아니오"(요 18:33-36).

가장 결정적인 문장은 바로 이것이다. "내 나라는 이 세상에서 커 가는 그런 나라가 아니오." 두 종류 나라, 두 종류 권력이 있다. 이전 번역들은 이 문장을 "내 나라는 이 세상에 속한 것이 아니오"라고 번역해서 사람들에게 오해를 불러일으키곤 했다. 예수님의 메시지가 '권력'과는 전혀 무관하기를 바라는 요즘 사회에서 이런 번역은 그분이 마치 이렇게 말씀하시는 것처럼 들린다. "내 나라는 천국 가는 것이 가장 중요하다. 그러니 '이 세상' 것에는 전혀 신경 쓰지 말아라."

그러나 헬라어 원문의 의미는 다르다. 예수님의 나라는 '이 세상에서 말미암는' 나라는 아니지만, 확실히 이 세상을 '위한' 나라다. 이는 "하늘에서처럼 땅에서도 아버지의 나라가 오게 하시고"라는 주기도 문구를 그대로 적용한 것이다. 그 나라는 하늘에서 오지만, 이 땅에 효과가 나타나도록 설계되었다. 실제로, 그 나라는 진정한 왕의 권력이 되도록 계획되었다. 그런 권력은 시편 72편이 이야기하는 종류의 권력, 비록 망가지기는 했어도 하나님의 실재와 세상에 대한 진실을 가리키는 진정한 이정표가 되는 그런 종류의 권력이다.

그렇다면 이 두 종류 나라, 두 종류 권력의 중요한 차이점은 무엇인가? 예수님은 아주 분명히 말씀하신다. 그분이 거부하시는 의미에서의 '세상' 나라는 세속 나라들이 하듯이 싸움을 통해 확장한다. 무자비하게 효율성을 추구하는 황제의 나라가 그렇다. 예수님의 나라가 '이 세상에서 말미암는'다면, 그분을 따르고 지지하는 이들은 무장봉기했을 것이다. (요한의 원래 독자들도 그 점을 너무 잘 알았다.) 실제로 시몬 베드로가 동산에서 칼을 뽑아 대제사장의 하인 말고의 귀를 잘랐을 때 그런 사태가 벌어질 뻔했다(요 18:10).

요한이 그 하인의 이름을 알고 강조한다는 사실 때문에 더 두드러지는 그 순간은 두 종류의 나라, 두 종류의 권력을 극명하게 대조하고, 예수님이 하나님의 강력한 사랑에 대해 하신 말씀을 모두 들은 가장 가까운 지지자들조차 아직도 이해하지 못했다는 것을 보여 준다. 예수님과 제자들이 함께 식사하고 있을 때는 사랑이면 충분했지만, 바깥세상에서 할 일이 있을 때는 늘 그렇듯 아마도 칼이 필요했을 것이다. 예수님은 그렇지 않다고 선언하신다. 예수님과 빌라도의 대화처럼 이 대화도 여전히 요한복음 13장 1절의 지시문 아래 있다. 이 모든 이야기는 사랑 이야기, 곧 사랑만이 할 수 있는 일을 하시는 육체가 되신 사랑의 이야기다.

어떤 사람은 똑같은 요점을 좀 더 확장하기 위해 요한복음 13장으로 돌아갈지도 모른다. 3절에서 요한은 "예수께서는 아버지께서 모든 것을 자기 손에 맡기셨다는 것…을 아셨다"라고 말한다. 하나님은 그 나라를 임하게 할 과제를 예수님께 위임하셨다. 그리고 그분이 그 권력과 권위를 표현하기 위해 선택하신 방법은 무릎을 꿇고 제자들의 발을 씻기는 것이다(요 13:4-15). 그러면서 이것은 이후에 제자들도 그렇게 행동하도록 본이 되어 섬긴 것이라고 말씀하신다. 우리는 이것이 요한복음 프롤로그의 핵심에서 요한이 "누구든 그분을 맞이한 사람에게는 … 하나님의 자녀가 되는 권리를 주셨다"(요 1:12)라고 말할 때 염두에 둔 내용 중 하나라고 생각할 수도 있다. 여기서 '권리'는 헬라어로 '엑소우시아*exousia*'인데, '권력'이나 '권위'를 뜻한다. 세상의 권력자들은 대체로 아이들을 의식하지 않는다. 요한복음의 나머지 이야기들은 하나님의 자녀가 된다는 의미를 정의해 주는데, 특히 제자들의 발을 씻기신 일과 십자가 처형이 그렇다.

이제 12장에 나오는 권력과 승리를 분석함으로써 앞서 언급한 요점들의 근거를 더욱 확실히 할 필요가 있다. 우리가 예수님과 빌라도의 대화에서 (그리고 예수님께 사형을 선고함으로써 빌라도가 '보통의' 나라를 경영했을 때) 실제로 벌어진 일에 대한 요한의 생각을 알고자 한다면, 아래 구절에 집중해야 한다.

> 명절에 예배하러 올라온 사람들 중에는 그리스 사람이 몇 있었다. 그들이 갈릴리 벳새다 사람 빌립에게 가서 말했다.
>
> "선생님, 우리가 예수를 뵙고 싶습니다."
>
> 빌립은 안드레에게 가서 말했고, 안드레와 빌립은 같이 예수께 가서 전했다.

예수께서 대답하셨다. "때가 왔다. 지금은 인자가 영광을 받을 때다. 내가 너희에게 엄중한 진실을 말한다. 밀알 하나가 땅속에 떨어져 죽지 않으면, 고스란히 그대로 남는다. 하지만 밀알이 죽으면, 많은 열매를 맺을 것이다. 너희가 자기 생명을 사랑하면, 잃을 것이다. 너희가 이 세상에서 자기 생명을 미워하면, 오는 시대의 생명을 위해 그것을 보존할 것이다. 누구든 나를 섬기려거든, 나를 따라야 한다. 내가 있는 곳에 내 종도 있을 것이다. 누구든 나를 섬기면, 아버지께서 그를 영예롭게 하실 것이다."

예수께서 이어서 말씀하셨다. "지금 내 마음이 괴롭구나. 무슨 말을 해야 할까? '아버지여, 이 순간에서 나를 구원해 주소서?' 아니다! 내가 이때 온 것은 바로 이 때문이다. 아버지, 아버지의 이름을 영화롭게 하소서!"

하늘에서 소리가 들렸다. "내가 이미 영화롭게 했고, 다시 영화롭게 할 것이다."

거기 서서 듣고 있던 무리는 "천둥이 쳤다!"라고 말했다.

"아니다, 천사가 그에게 말했다"라고 하는 사람도 있었다.

예수께서 대답하셨다. "그 소리는 나를 위해서가 아니라 너희를 위해서 들려온 것이다. 이제 이 세상의 심판이 온다! 이제 이 세상의 통치자가 쫓겨날 것이다! 또 내가 땅에서 들려 올라갈 때, 모든 사람을 내게로 이끌 것이다." 예수께서 이렇게 말씀하신 것은 자신이 어떤 죽음을 겪을 것인지 알려 주시기 위해서였다(요 12:20-33).

이 단락의 배후에는 이런 질문이 있다. (그리고 우리가 기억하기로, 요한은 이런 근본적인 질문들에 강하다!) 누가 이 세상을 책임지고 있는가? 이것은 하나님 나라에 대한 질문이자 이 책 1장에서 본 대로 정의에 대한 질문이기도 하다. 그러나 지금은 우리에게 사각斜角처럼 보이는 곳에서 접근하고 있다.

이 단락은 차분하고 우호적인 분위기에서 시작한다. 예수님과 제자들이 예루살렘에 있으니 소문이 퍼졌다. 원근 각지에서 온 순례자들은 예루살렘에서 할 수 있는 일은 뭐든 다 경험해 보려는 열정이 넘친다. 잠깐이지만 예수님은 거의 관광 명소처럼 되셨다. 우리는 그분이 그리스 사람들을 만나서 진정한 하나님의 진정한 나라에 대해 기꺼이 설명해 주실 거라고 기대할지도 모른다.

그러나 이번에도 요한은 예수님이 그러셨듯이, 우리의 기대가 틀렸음을 입증한다. 예수님은 우리 눈에 '복음을 전할 기회'처럼 보이는 것을 잡는 대신, 그리스 사람들의 접근을 마지막 단계가 급박하게 다가오고 있다는 표시로 해석하신다. "때가 왔다. 지금은 인자가 영광을 받을 때다"(요 12:23). 다시 말해, 다니엘서 7장이 드디어 실현되고, '인자 같은 이' 곧 이스라엘을 대표하는 왕이 자신의 정당한 지위를 온 세상에 주장하실 때가 온 것이다. 예수님은 이때가 진정한 권력의 지각 변동이 이루어지는 순간이라고 보신다.

그러나 이런 권력 이동은 베드로가 동산에서 취한 평범한 방법으로는 이루어지지 않을 것이다. 밀알 하나가 땅에 떨어져 죽어서 많은 열매를 맺어서 이루어질 것이다. 예수님은 이처럼 전혀 예상치 못한 방법으로 승리하시고, 제자들은 그와 똑같은 하나님 나라 행위를 배워야 한다. 이렇게 해야 아버지의 영광이 드러날 것이다. 아버지는 그분의 이름을 영화롭게 하셨고, 다시 확실히 영화롭게 하실 것이다. 예수님은 하늘에서 들린 소리를 임박한 승리의 표시로 해석하신다. "이제 이 세상의 심판이 온다! 이제 이 세상의 통치자가 쫓겨날 것이다! 또 내가 땅에서 들려 올라갈 때, 모든 사람을 내게로 이끌 것이다"(요 12:31-32).

다시 말해, 이것은 그리스 사람들의 요청에 대한 완곡한 답변이다. 그들은 드라마의 마지막 장이 빠르게 다가오고 있다는 표시를 요구한다. '인자'가 열방의 주로 높임을 받고, '만백성'을 그분께로 이끄실 것이다. 하지만 이런 일이 생기려면, 현재 권력을 쥐고 있는 사람은 물러나야 한다. 세상은 책임을 추궁당하고('심판'), 그리스 사람들을 포함하여 온 세상에 지금 권력을 행사하는 이 세상의 통치자는 쫓겨날 것이다. 우리는 이 사건이 요한복음 전반부의 극적 결론 가까이에 있어서 후반부를 어떻게 해석해야 할지 시사한다는 점을 다시 한번 떠올린다.

그러면 우리는 후반부의 절정인 예수님과 본디오 빌라도의 대치 장면을 다음과 같이 해석하게 된다. 이것이 '통치자'가 심판을 받고, 책임을 추궁당하고, 궁극적인 반창조 세력과 한통속임이 드러나는 방식이다. 이것이 예수님이 16장에서 교회를 세우신 의제의 모형이다. 이것이 성령이 교회의 증거를 통해 죄와 정의와 심판에 대해 '세상이 잘못에 빠져 있음을 밝히실' 때의 모습이다(요 16:8-11). 요한의 독자들은 예수님이 죽음을 통해 '이 세상 통치자'에게 승리하시리라는 이야기를 이미 들었다. '세상이 잘못에 빠져 있음을 밝히실' 성령의 사역과 세상 모든 사람을 예수님의 새로운 가족으로 이끄는 복음을 통해 그 승리가 실현될 것이다.

따라서 12장에 나오는 '이 세상의 통치자'라는 문구에는 두 가지 뜻이 있는 것 같다. 우리는 이 두 의미를 함께 유지하기가 어렵지만, 다른 문화권에서는 우리보다 더 쉽기도 한 듯하다. 어떤 면에서, 이 문구가 누구를 말하는지는 의심의 여지가 없다. 이 '세상의 통치자'는 어둠의 세력, '사탄' 곧 고발자의 세력이다. '사탄'은 머지않아 유다의 마음에 생각을 심어 두고, 나중에는 직접 그 마음속에 들어가 조종할 것이다(요 13:2, 27). 그렇게 해서 유다는 정말로 병사들을 인도하여 예수님을 체포하게 만드는 '고발자'가 된다. 이 '세상의 통치자'는 최악의 일을 저지를 것이다. 그리고 예수님을 죽이고 나서, 그분의 죽음이 사실은 그분이 예상하신 승리의 수단임을 깨달을 것이다.

하지만 동시에 '세상의 통치자'가 로마의 세력, 황제의 세력이라는 점도 분명해 보인다. 예수님은 얼마 후에 "이 세상의 통치자가 오고 있다"(요 14:30)라고 선언하신다. 예수님이 말씀하신 대로, 이 '통치자'가 예수님과 아무 상관이 없다고 하더라도, 그는 잠시나마 예수님을 그의 힘에 포섭한 것처럼 보일 것이다. 이번에는 예수님이 자신을 체포하여 결국에는 십자가에 못 박을 병사들에 대해 말씀하고 계신 것이 분명하다. 어쨌든 '이 세상의 통치자'가 가리키는 두 대상은 섞여 있다. '사탄'과 병사들은 손발이 잘 맞는다. 그리고 이 모두는 아버지가 계획하신 승리의 목적을 이루는 수단이 된다.

이렇게 요한복음 12장과 18-19장을 합치면, 요한이 권력과 하나님 나라에 대해 자신이 말하고자 한 바를 더 큰 내러티브와 엮었음을 알 수 있다. 예수님의 나라가 '이 세상에서 말미암는' 것이라면, 그분의 종들은 싸울 것이다. 빌라도에게도 그런 종류의 권위, 예수님을 죽일 권위는 있다. 이것은 '보통의' 권력, '나라'를 운영하는 통상적인 방법이다. 그러나 예수님의 권력은 전혀 다른 방식으로 작동한다. 고난받는 사랑을 통해, 친구들을 위해 목숨을 주신 분을 통해, 모든 사람이 보고 믿고 구원받을 수 있도록 광야에서 뱀처럼 들린 분을 통해 작동한다. 그분을 통해 다른 권력, 어둠의 권력의 손아귀에서 구출된다. 궁극적인 어둠의 세력으로부터 궁극적으로 구출되는 것은 물론 부활이다.

따라서 나사로가 무덤에서 나흘을 보내고도 부패하지 않고 그를 죽음에서 깨우실 예수님의 명령을 기다리고 있었을 때 이것이 예수님께는 그분의 앞선 기도들이 응답을 받았다는 표시였다. 예수님이 셋째 날에 죽은 자들 가운데서 일어나셨을 때 이는 그분이 십자가에 죽으셨을 때 궁극적인 구원 사역이 '성취'되고 '완성'되었다는 표시였다(요 19:30). 부활절은 이 세상의 통치자가 쫓겨나고, 이제는 그리스 사람들과 원하는 다른 모든 이들이 자신의 쓸모없는 우상을 버리고 참된 하나님을 예배할 시간이라고 강력하게(바울이 로마서 1장 3-4절에서 본 대로 이 부분이 핵심이다) 선언한다.

평범한 권력과 평범한 세상 나라들은 죽음을 자신들의 궁극적인 무기로 삼는다. 하나님 나라와 그 나라의 능력은 죽음을 극복할 수 있다. 창조주의 능력은 창조 세계를 새롭게 한다. 부활은 빌라도의 질문에 대한 궁극적인 대답인 동시에 권력의 질문에 대한 대답이다.

● 현재 임하시는 성령의 능력

이쯤 되면 어떤 사람은 반박할지도 모른다. "글쎄요. 결국에 만사가 바로잡히는 부활이 있다고 치면, 그 사이에 있는 기간은 어떻게 되나요? 그날이 올 때까지는 통상적인 권력, 곧 강제와 폭력과 죽음으로 위협하는 권력 수단을 계속 사용해야 하지 않을까요?"

이 대목에서 주의해야 한다. 약자에 대한 괴롭힘을 방지하고 부도덕한 사람들이 약자를 희생양으로 삼지 않도록 현재로서는 모든 사회에 여전히 치안 업무가 필요하다는 성경적 견해가 있다. 바울이 로마서 13장 1-7절에서, 베드로가 베드로전서 2장 13-17절에서 말하는 내용이 그렇다. 하지만 그것은 (요한복음 21장 22절이나 빌립보서 3장 20-21절에서처럼) 예수님이 다시 오실 때 임할 최후의 나라가 아직 오지 않았다는 표시에 불과하다. 이런 종류의 치안 활동에는 엄격히 제한된 목적이 있다. 그것은 마치 바울이 갈라디아서 3

장에서 설명한 토라의 역할, 곧 메시아가 오실 때까지 악을 견제하는 역할과 같다. 따라서 로마서 13장의 다양한 '치안' 활동은 메시아가 다시 오실 때까지 세상에서 무정부 상태와 혼돈을 막는 데 필요하다. 그러나 이런 활동은 예수님의 죽음과 부활을 통해 결정적으로 시작된 하나님 나라가 현시점에 전진하는 수단은 아니다.

요한은 그 일이 성령의 능력으로 이루어진다고 주장한다. 이제 어둠의 세력은 패했고, 예수님을 따르는 이들은 그분의 말씀과 죽음으로 깨끗해졌다. 예수님은 '영화롭게' 되셨고, 십자가에 '달리셨으며', 새로운 불멸의 몸으로 부활하셨다. 예수님을 따르는 이들은 부활 이후에 그들에게 임한 성령으로 능력을 입어, "아버지께서 나를 보내셨듯이, 나도 너희를 보낸다"(요 20:21)라는 그분의 명령에 순종할 수 있다. 그들은 마치 낯선 미지의 새 땅에 발을 내딛는 여행자들처럼 '이 세상에서 말미암는' '나라'와 '권세'를 과시하지 않고, 세상과 사람을 바꾸는 복음과 성령의 능력으로 자신들이 맡은 임무에 임한다.

이는 예수님을 따르는 이들은 성령의 능력을 받아서 진정한 인간의 권력을 발휘하면서 진정한 인간의 역할을 맡게 된다는 뜻이다. 예수님은 진정한 인간이요, 하나님의 형상을 닮은 자, '새 창조'의 이야기를 완성하신 분이셨다. 예수님이 역설적으로 자주색 옷을 입고 군중 앞에 나오실 때 빌라도는 자신도 모르게 엄청난 사실을 말한다. "보시오! 이 사람이오!"(요 19:5) 빌라도가 예수님을 '유대인의 왕'으로 부른 때처럼, 여기서 요한은 빌라도가 냉소적인 의미이기는 해도 진실을 말하고 있다는 점을 분명히 한다. 예수님은 진정한 인간이요, 형상이요, 왕이시다. 그리고 그분을 따르는 이들, 진짜 포도나무의 가지들, 그분의 살과 피를 나누고 성령이 내주하여 능력을 주신 이들은 진정한 인간이다.

여기서 드디어 우리는 권력이라는 역설의 답을 찾는다. 인간은 권력을 행사하도록 창조되었지만, 진정한 인간의 권력은 늘 자기를 희생하는 사랑을 통해 행사하도록 의도되었다. 그런 일이 생길 때 권력이 '효과를 발휘한다.' 그것은 위협과 괴롭힘과 폭력으로 손에 넣을 수 있는 즉각적인 '결과'를 항상 얻지 못할지도 모른다. 그러나 바로 그 점이 핵심이다. 그리고 그것이야말로 하나님 나라가 오늘날의 빌라도들의 조롱에도 불구하고, 어떤 사람들이 좋아할 만한 방식대로 평탄하게 굴러가지 않는 이유다. 오히려, 하나님 나라는 늘 그랬듯이 소외된 그리스도인들의 고통스러운 증언을 통해, 세상의 마더 테레사 같은 사람들을 통해, '평범한' 예수 따르미들의 자신을 내어 주는 사랑을 통해, 2015년 리비아 해변에서 교수형을 당한 콥트정교회 그리스도인들의 "예수여!"라는 외침을 통해 앞으로 나아간다.

실상은 이것이 요한복음 21장의 내용이다. 이 장은 원저자가 죽은 후에 그의 이야기를 보증할 수 있는 가까운 사람이 추가한 것으로 보인다. 여기서는 베드로가 앞서 끔찍한 실수를 저지르고 나서 예수님의 제자들 가운데 지도자로 다시 임명받는 순간을 강조한다. 이 내용에서 권력의 성격에 대해 두 가지가 두드러진다.

첫째, 베드로는 자신의 약함과 실패를 철저하게 인정할 때에야 비로소 재임명을 통해 권위를 얻는다. 대다수 보통의 인간 '권력'은 모든 것을 정복하는 힘으로 유지된다. 여기서 복음을 세상에 전하는 사람들의 진정한 힘을 상징하는 베드로의 권력은 자신의 무가치와 무능함을 아는 사람들에게 예수님이 주신 선물이다. 그들이 이 사실을 잊는 순간 분란을 일으키게 된다. 베드로가 십자가에 처형당했다는 이후 이야기들(과 예수님과 비교될 수 없기에 자신을 거꾸로 십자가에 못 박아 달라고 했다는 그의 주장)은 역사적 근거는 부족할지도 모른다. 하지만 이 이야기들은 이후 세대가 예수님을 따르는 이들의 삶에서 보통의 권력이 반전된 이 비전에 어떻게 사로잡혀 있었는지를 보여 준다.

둘째, 이제 베드로에게 부여된 권력과 권위는 그가 동산에서 칼을 뽑아 들 때 원했던 종류의 권력과는 전혀 다르다. 그것은 그의 실패를 여실하게 보여 주는 표지였다. 평범한 인간의 폭력으로 예수님을 보호할 수 있다고 생각했던 그는 자신에게 위협이 닥칠 기미가 약간만 보여도("동산에서 당신이 그와 함께 있는 것을 내가 보지 않았소?") 숨을 데가 없었다. 오히려, 그가 이제 갖게 될 권력과 권위는 양 떼를 돌보는 것에 비유할 수 있다. "내 어린양을 먹여라"(요 21:15). "내 양들을 돌봐라"(요 21:16). "내 양들을 먹여라"(요 21:17). 어린양과 양이 중요하다. 목자에게는 단지 할 일이 있을 뿐이다. 이것은 확실히 권력이 따르는 임무이지만, 전적으로 사랑의 일이다.

그렇다면 결국 기독교 메시지는 우리가 권력에 대해 안다고 생각하는 것과 권력에 바라는 것에 진정한 반전을 제공한다. 우리가 망가진 이정표를 따라갈 때 그 이정표가 우리를 십자가 아래로 인도하는 것을 발견한다. 거기서 우리의 궁금증이 최종적으로 해결된다. 세상 나라들은 폭력으로 위협해야만 권력을 얻고 유지할 수 있다고 주장한다. 그래서 권력은 지독한 역설이 되어 버렸다. 권력은 세상의 진리를 가리키는 이정표로 시작하지만, 대부분의 사람이 몸서리치게 만드는 방향을 가리키게 된다.

반대로, 하나님 나라는 전혀 다른 무언가를 드러낸다. 주고 섬기고 사랑함으로써 행사하는 권력. 당시에는 아무도 상상하지 못했던 방식으로, 오늘날 안달 난 세속주의자들이 애써 숨기려 하는 방식으로 세상을 바꾸는 권력. 가능한 모든 배경의 사람이 자신이 알고 사랑하게 된 예수님의 강력한 증인이 되도록 그들을 부르고 맞서고 바꾸고 능력을 주는 권력. 복음 메시지는 우리가 망가졌다고 생각한 이정표가 사실은 하나님과 세상에 대한 궁극적인 실재를 가리키는 진짜 신호라고 주장한다. 하지만 나머지 여섯 주제와 마찬가지로, 우리는 예수님과 그분의 죽음 이야기의 관점에서 거기에 접근할 때만이 그 의미를 분별할 수 있다.

나가는 말

망가진 이정표 고치기

이제 이 책에서 논의한 맥락들을 종합할 시간이다. 우리가 살펴본 내용을 요약해 보자.

나는 정의, 사랑, 영성, 아름다움, 자유, 진리, 권력 이 일곱 주제를 '망가진 이정표'로 묘사했다. 이 말은 두 가지 뜻이 있다. 첫째, 이런 것들에 대한 인간의 보편적인 갈망은 선하시고 지혜로우신 창조주가 인간을 만드셨다는 사실을 가리키는 진정한 이정표다. 특히 이 일곱 가지를 한데 모으면, (어느 한 차원에서는) 굉장히 이치에 맞는다.

하지만 둘째로, 현재 상황으로 미루어보건대, 이 각각은 '망가져' 있다. 이 일곱 이정표는 그것들이 약속하는 것을 우리에게 전해 주지 못한다. 혹은 '우리'가 전해 주지 못한다고 말해야 할지도 모르겠다. 우리는 정의, 자유, 진리 등이 매우 중요하다는 것을 알지만, 자신에게 유리할 때는 그것들을 편리하게 무시해 버린다. 그리고 그것들을 실현할 체제를 마련하는 데는 아주 형편없다. 그 결과로, 사람들은 이 다양한 인간의 갈망과 열망을 보면서 온갖 종류의 결론을 끌어낼 수 있다. 그중 한 가지 결론이 그런 갈망들은 우연한 진화의 발전이기에 그 이상의 의미는 없다는 것이다.

하지만 사람들이 정의를 부정하고, 사랑을 짓밟고, 권력을 오용하는 등 각각의 이정표가 '실패한' 방식은 사복음서, 그중에서도 특히 요한복음에서 나사렛 예수가 죽음을 향해 간 방식(엉터리 재판, 친구의 배신과 부정, 조롱당하는 진실 등)과 소름 끼칠 정도로 비슷하다. 나는 이것이 예수님의 십자가 처형이 다양한 문화권, 특히 우리의 '세속' 세계에서 다른 모든 '신'과 근본적으로 다른 하나님을 가리키는 희한한 신호요 희망의 표시로 여전히 기능하는 이유라고 제안했다. 예수님의 십자가 처형에는 모든 인간이 적어도 어렴풋이나마 인식하고 있는 망가진 이정표들이 가득하다. 실제로, 사람들은 온갖 아이러니와 공포를 불러일으키는 십자가를 최후의 망가진 이정표로 본다.

이것은 무슨 뜻인가? 나는 이 이정표들이 이제 참되신 하나님의 임재와 실재를 가리키는 외부로 향하는 표시로 '효과가' 있으려면, 믿음이 없는 사람들에게 그 실재와 임재와 사랑을 전달하려면, 예수님을 따르는 이들이 이 이정표를 사용하여 자신의 소명을 규정해야 한다고 주장했다. 창조와 새 창조의 하나님, 아들을 보내셔서 구원하시는 사랑을 시행하시는 하나님을 전하려는 사람들이 자신들의 공동체에서 정의, 영성, 아름다움, 권력의 적절한 실천에 대한 열정을 보여 주는 프로젝트를 실천할 때 그들이 전하는 말의 진정성뿐 아니라, 그들이 전하는 하나님의 현존이 분명해질 것이다. 하나님의 존재가 아무리 신비롭다고 해도, 그분이 정말로 살아 계셔서 그분의 새 창조를 이루시기 위해 세상에서 일하고 계신다는 점이 확실히 드러날 것이다.

나는 이 작은 책에서 특별히 요한복음에 근거해서 이 모든 사고의 흐름을 정리해 보려 했다. 요한복음은 창조와 새 창조의 복음이요, 예수님과 아버지에 대해 '증거'하는 복음이요, 절기에 참여한 그리스인들과 어둠의 세력을 이긴 승리에 대한 복음이다. 우리는 이 주제들을 예수님과의 관계와 공생애 기간에 그분을 만난 많은 사람과의 관계에서 탐구했다. 그 만남에는 '살아 있는 대화'와 '삶을 바꾸는 영향력'이 있었다. 이 책을 읽는 많은 사람이 요한복음을 조용히 묵상함으로써 더 깊은 믿음과 소망을 품게 될 뿐 아니라, 자신이 속한 공동체에서 이런 소명들을 드러내기를 바라고 기도한다. 정의, 사랑, 영성, 아름다움, 자유, 진리, 권력은 때로 그렇게 보이듯이, 손에 넣기 힘든 개념일 필요가 없다. 십자가에 달리시고 죽은 자들 가운데서 부활하신 예수 메시아 영의 능력으로, 이 개념들은 진정한 이정표, 바로잡힌 신호, 선교적 보호 기둥marker post이 될 수 있다. 그것들은 하나님의 자비 가운데 예수님의 십자가와 그분의 부활을 새 창조의 출발과 표시로 더 분명하게 가리킬 것이다. 그 '증언'이 바로 요한이 교회의 핵심 과제 중 한 가지를 말하는 방식이다. 그 과제란 우리가 예수님과 연관된 사건들을 통해 우리가 아는 세상을 이해할 수 있음을 더 넓은 세상에 말과 행동으로 보여 주는 것이다. 그것들은 창조 세계를 탈출하는 것이 아니라 완성하는 것이다.

실제로, 이 사건들은 예수님이 나다나엘, 니고데모, 사마리아 여자 등을 거쳐 본디오 빌라도에 이르는 다양한 사람들과 하신 일에 대한 세상의 혼란스러운 질문들("정의가 뭐지? 정의는 왜 작동하지 않지?" 등)과 관계가 있다. 요한이 말해 준 대로, 예수님 이야기는 이 질문들을 매우 진지하게 다룬다. 얼마나 진지한지, 그분은 가장 진실한 대답을 주기 위해 그 아래에 있는 진짜 질문까지 파고 들어가실 정도다.

따라서 예수님의 이야기는 세상을 이해하는 새로운 틀, 곧 부패와 죽음을 이긴 승리와 새 창조의 출발이라는 틀을 제공한다. 오래된 질문들은 적절한 질문들이었다. 그 질문들은 세상이 원래 되어야 할 모습과는 거리가 멀다는 인간의 깊은 의식을 암시한다. 그 본능은 틀린 것이 아니다. 그래서 이정표들이 망가진 것처럼 보이는 것이다. 요한은 창조주의 아들과 영을 통해 하나님이 만물을 바로잡기 위해 과거에 하신 일, 지금 하고 계신 일, 앞으로 하실 일을 우리에게 말해 준다. 적절한 때가 되면 바로잡힐 이 이정표들은 성령이 이끄시는 우리의 소명을 위한 본보기를 제공해 줄 것이다. 아버지가 아들을 보내신 것처럼 우리는 세상으로 보냄을 받았다.

성경 색인

구약성경

창세기

출애굽기

신명기

사무엘하

열왕기상

시편

망가진 이정표

톰 라이트 지음
이지혜 옮김

2022년 10월 13일 초판 1쇄 발행

펴낸이 김도완
등록번호 제2021-000048호
(2017년 2월 1일)
전화 02-929-1732
전자우편 viator@homoviator.co.kr

펴낸곳 비아토르
주소 서울시 종로구 삼일대로 428, 500-26호
(우편번호 03140)
팩스 02-928-4229

편집 이은진
제작 제이오

디자인 임현주
인쇄 민언프린텍
제본 다온바인텍

ISBN 979-11-91851-51-9 03230